Bloderchäs und Schlorziflade

Eine Sammlung von Rezepten aus
Toggenburger Küchen

Toggenburger Verlag

1. Auflage, 2001
2. Auflage, 2005
3. Auflage, 2019

Copyright:	Toggenburger Verlag
	CH-9103 Schwellbrunn
Redaktion:	Culinarium Toggenburg
	Urs Bolliger
	Elisabeth Thür
	Lucia Sieber
	Agnes Schneider
Gestaltung:	Urs Nef, Bettina Unternährer
Illustrationen:	Darko
Herstellung:	Verlagshaus Schwellbrunn
ISBN:	978-3-908166-02-3

Das Gute liegt so nahe! In diesem Geiste
entstand die in Ihren Händen liegende Rezept-
sammlung. Viel Bekanntes, aber vielleicht auch
Neues oder gar Geheimnisvolles werden Sie in
dieser Sammlung finden. Wahrlich, das
Toggenburg kann sich auch auf der kulina-
rischen Ebene zeigen lassen. Dies kam
zum Ausdruck, als die Redaktion mit über
100 Toggenburger Rezeptvorschlägen, darunter
vielleicht auch eines von Ihnen, beschenkt
wurde. Culinarium Toggenburg hatte die
dankbare Aufgabe, die Rezepte durchzukochen
und zu überarbeiten. Dabei ist uns eines
aufgefallen: Das Gute liegt so nahe. Auch wir,
die wir jeden Tag mit Toggenburger
Spezialitäten und Produkten zu tun haben,
staunten, was man mit guten Toggenburger
Rohstoffen alles auf den Teller zaubern kann.
Nun sind wir vollends überzeugt, dass Sie mit
diesem Rezeptbuch Ihre Gäste zu etwas typisch
Toggenburgischem einladen können.

Culinarium Toggenburg

Gemüse
Salate
Vorspeisen

Nüsslisalat Alpstein

Zutaten für 4 – 6 Personen:
250 g Nüsslisalat
100 g Mischpilze
120 g Mostbröcklitranchen
150 g Toggenburger Alpkäse
(Säntiskäse)
3 Toastbrotscheiben
60 g Butter
50 g Zwiebeln
15 g Mandelsplitter
$^{1}/_{2}$ dl Haselnussöl oder
gleichwertiges Öl
(Olivenöl, Rapsöl)
Senf
Sherry
Essig
Bouillon
1 Knoblauchzehe
1 Thymianzweiglein
Oregano
Salz
Pfeffer

Vorbereitung:
Salat:
Nüsslisalat rüsten, Mischpilze in Scheiben schneiden. Mostbröcklitranchen in feine Streifen schneiden und mit Pfeffer übermahlen. Den Käse in kleine Würfeli schneiden und mit wenig Sherry und Essig beträufeln. Die Toastbrotscheiben ebenfalls in kleine Würfeli schneiden. Zwiebeln fein schneiden, 15 g Mandelsplitter abwägen.

Für die Sauce:
Knoblauchzehe und Thymian fein hacken.

Zubereitung:
Pilze und Zwiebeln in wenig Butter andünsten und auskühlen lassen. Dann die Brotwürfeli ebenfalls mit wenig Butter leicht rösten. Für die Sauce Knoblauch, Öl, wenig Senf, Essig, Sherry, Bouillon und Oregano beigeben und würzen. Den Nüsslisalat anrichten, mit dem Käse, den Pilzen und dem Thymian bestreuen. Mit der Sauce beträufeln, den Fleischstreifen belegen und mit den Brotcroûtons bestreuen.

Rezept: Peter Künzli, Ulisbach

Warmer Spargelsalat

Zutaten für 4 – 6 Personen:
500 g grüne Spargeln
150 g kleine Zwiebeln
Salz, Pfeffer aus der Mühle
3 Esslöffel Öl
200 g Cherry-Tomaten
3 Tranchen Rohschinken
3-4 EL Balsamico-Essig
30 g Parmesan am Stück

Zubereitung:
Spargeln unten frisch anschneiden und nur wenn nötig das untere Drittel schälen. Die Zwiebeln vierteln, den Schinken in Streifen schneiden.
Wasser aufkochen, leicht salzen und die Spargeln knackig garen.
In einer Pfanne einen Esslöffel Öl nicht zu stark erhitzen und die Zwiebeln darin etwa 5 Minuten dünsten. Cherry-Tomaten beigeben und eine Minute weiterdünsten. Mit Salz und Pfeffer würzen.
Wasser abgiessen, Spargeln kurz abtropfen lassen und der Länge nach halbieren. Auf die Teller verteilen. Zwiebeln, Tomaten und die Schinkenstreifen dazugeben.
Alles mit Balsamico-Essig und dem restlichen Öl beträufeln. Den Parmesan mit dem Sparschäler darüber hobeln.

Thurtal-Forellenfilet-Salat

Zutaten für 4 Personen:

Salat:
2 Forellenfilets geräuchert
250 g Blattsalat gemischt
2 Rüebli
1 Zwiebel
1-2 Toastbrotscheiben oder
altes Brot

Sauce:
2 TL Kapern
1 TL Senf
1 TL Ketchup
etwas Petersilie
Schnittlauch und Dill
oder 2 TL Kräutermischung
getrocknet
etwas Speisewürze
5 EL Heidelbeer- oder
Himbeeressig
5 EL Sonnenblumenöl

Zubereitung:

Blattsalat waschen und in kleine Stücke zerlegen. Rüebli schälen und Julienne (feine Streifen) schneiden. Forellenfilets ebenfalls in kleine ca. 1 cm breite Streifen schneiden. Zwiebel in Ringe schneiden und in der Bratpfanne schön hellbraun rösten. Brot in kleine Stücke schneiden.

Für die Sauce Kapern und Kräuter sehr fein schneiden. Alle Salatsaucen-Zutaten miteinander mischen. Glasteller mit dem Salat belegen, Zwiebelringe und die Salatsauce darüber verteilen. Croûtons und Forellen über den Salat streuen und servieren.

Rezept: Peter Künzli, Ulisbach

Salat nach Toggenburger Art

Zutaten für 4 Personen:
3 dl Bio-Olivenöl
1 dl Balsamico-Essig
von hoher Qualität
1 Knoblauchzehe
fein gehackt
1 Prise Kräutersalz
etwas Pfeffer
1 kleiner Bund Petersilie
1 kleiner Bund Schnittlauch
fein geschnitten –
auch wilder Schnittlauch
1 Kopfsalat
1 Lollo-Salat, rot oder grün
Salat nach Saison
200 g Bloderchäs
2 reife Tomaten
(sofern Saison)
1 ganze Zwiebel
in Ringe geschnitten
1 kleine Salatgurke
6-8 (eingelegte) Oliven

Zubereitung:
Salate rüsten und waschen. Bloderchäs in mundgerechte Würfelchen schneiden. Öl, Essig, Knoblauch, Schnittlauch und Gewürze zu einer sämigen Sauce rühren. Salat in Blattform auf Teller anrichten. Gurken, Tomaten, Bloderchäs, Zwiebeln und Oliven bunt gemischt auf Salatbett anrichten und mit Salatsauce beträufeln.

Wildhauser Mostbröckli-Rollen

Zutaten für 4 Personen:
1 echtes Wildhauser
Mostbröckli
1 Stück Bloderchäs

Zubereitung:
Mostbröckli mit der Aufschnittmaschine sehr schräg und fein aufschneiden, damit es möglichst grosse Scheiben gibt. Den Bloderchäs in 1 cm breite Scheiben und diese wiederum in 1 cm dicke Stäbchen schneiden, welche mit den Mostbröcklischeiben umwickelt und danach mit einem Zahnstocher fixiert werden.

Bemerkungen/Tipps:
Die schön angerichteten Wildhauser Mostbröckli-Rollen mit frischem Toggenburger Gemüse garnieren und mit St. Galler Brot servieren.

Rezept: Paul Beutler, Wildhaus

Ulisbächler Salat spezial

Zutaten für 4 – 6 Personen:

200 g Sellerie
200 g Süssmais
(oder 1 Dose)
1 Stange Lauch
200 g Schinken
2 Äpfel
5 Eier
selbst gemachte Mayonnaise
(oder 1 Tube)
150 g geriebener
Emmentaler
4 Scheiben Ananas

Vorbereitung:

Den Sellerie schälen und raffeln. Den Mais blanchieren und die Körner vom Kolben entfernen. Den Lauch fein schneiden. Den Schinken in feine Streifen schneiden. Die Äpfel schälen und mit der Röstiraffel raffeln. Die Eier hart kochen und in Scheiben tranchieren. Die Ananas in kleine Stücke schneiden.

Zubereitung:

Alle Zutaten der Reihe nach in eine flache Form schichten – ausser dem Emmentaler und der Ananas – ohne umzurühren. Anteil Mayonnaise darüber verteilen, dann die Ananas dazugeben, die restliche Mayonnaise darüber verstreichen und zum Schluss den Emmentaler.
Mit Klarsichtfolie zudecken und mindestens 24 Stunden an einem kühlen Ort (evtl. Kühlschrank) stehen lassen.

Bemerkungen/Tipps:

Passt auch ausgezeichnet zu Grilladen.

Tomatensalat spezial

Zutaten für 4 Personen:
4 Tomaten
100 g Mozzarella
1 Dose Sardellen
1 Zwiebel
Salz
Pfeffer
Kräuter nach Belieben
Essig
Öl

Zubereitung:
Tomaten kurz in kochendes Wasser geben, häuten, entkernen. Tomaten und Mozzarella in Scheiben schneiden, auf Teller anrichten. Mit Sardellen und Zwiebelringen belegen. Würzen und mit Essig und Öl beträufeln.

Rezept: Churfirste-Chuchi, Wattwil

Pfeffer-Rüebli

Zutaten für 6 – 8 Personen:
200 g Speckwürfeli
800 g Rüebli
Pfeffer

Zubereitung:
Speckwürfeli in die Pfanne geben und dünsten.
Rüebli in Würfeli schneiden, beigeben und
mitdämpfen, nur mit Pfeffer würzen und ein
wenig Wasser beifügen. Auf kleinem Feuer
kochen.
Nach Belieben können Kartoffelwürfel
mitgedämpft werden.

Weisskohl gratiniert

Zutaten für 4 Personen:
1 Weisskohl
100 g geriebener Käse
1 dl Rahm oder Milch

Zubereitung:
Weisskohl in vier Teile schneiden, den harten Mittelteil wegschneiden, waschen. 20 Minuten in Salzwasser kochen, abtropfen lassen. Kohl und Käse lagenweise in eine gebutterte Gratinform geben. Mit einer Schicht Käse abschliessen. Rahm oder Milch darüber geben und 30-40 Minuten im Ofen bei 220 Grad zugedeckt backen. 10 Minuten vor dem Servieren den Deckel wegnehmen und gratinieren.

Rezept: Annelies Baumann, Ganterschwil

Brennnessel-Chöpfli

Zutaten für 4 Personen:

500 g junge Brennnesseln
aus dem Garten oder Wald

6 Eier

1,2 dl Vollrahm

Salz nach Bedarf

Muskat

weiche Butter zum Einpinseln

Vorbereitung:

Brennnesseln im Salzwasser weich kochen, kalt abspülen, durchpressen und grob hacken.
1 Gratinform mit Haushaltpapier auslegen.
Ofen auf 170 Grad vorheizen.

Zubereitung:

Eier, Rahm und Gewürze mit dem Schwingbesen mischen und die Brennnesseln dazugeben. Masse in Förmchen füllen. Die gefüllten Förmchen in die Gratinform stellen und die Form mit $\frac{2}{3}$ heissem Wasser auffüllen. 40 Minuten bei 170 Grad backen.

Bemerkungen/Tipps:

Das Chöpfli wird warm serviert mit Salat als Vorspeise und Bratkartoffeln als Hauptspeise.

Gefüllte Beinwellblätter

Zutaten für 4 Personen:
16 Beinwellblätter aus dem Garten
100 g Quark
2 Eier
1 EL Rahm
1 gestr. EL Reibkäse
1 Prise Salz
Butter zum Braten

Vorbereitung:
Eier, Rahm, Käse und Salz gut verrühren.
8 Beinwellblätter mit Quark bestreichen, die restlichen 8 Blätter draufdrücken.

Zubereitung:
Butter in einer Teflon-Pfanne erhitzen, bis sie schäumt. Die gefüllten Beinwellblätter durch die vorbereitete Eimasse ziehen und in der Butter auf beiden Seiten goldgelb braten.

Bemerkungen/Tipps:
Sie können auch Borretsch-, Huflattich- oder grosse Spinatblätter nehmen.
Passend dazu: frische Spargeln und Bratkartoffeln.

Rezept: Sabine Bertin, Mogelsberg

Gemischter Blattsalat mit Bloderchäswörfeli

Zutaten für 4 Personen:
300 g Blattsalate
je nach Saison
40 g Nüsslisalat oder Kresse
8 Radiesli
2 dl Jogurtsalatsauce
160 g Bloderchäs

Zubereitung Jogurtsalatsauce:
Wenig Essig, Naturejogurt, Salz und Pfeffer mischen.

Zubereitung:
Blattsalate rüsten und waschen. Radiesli in feine Streifen schneiden, Bloderchäs in kleine Würfeli schneiden.
Blattsalat mit Jogurtsauce mischen und auf Teller anrichten. Rundherum den Bloderchäs streuen, obenauf als Garnitur den Nüsslisalat und die Radieslistreifen verteilen.

Bemerkungen/Tipps:
Eignet sich gut zum Vorbereiten, schnell fertig gemacht. Dieses Rezept ist sehr fettarm, aber proteinreich und enthält viele Vitamine.

Lauwarmer Lauchsalat

Zutaten für 4 Personen:

Salat:
3-4 Stangen Lauch
etwas Rosso-Salat
2 dl Weisswein
1 dl Wermut trocken
2 dl Wasser
1 Lorbeerblatt
1 Bund Peterli
1 TL Salz
etwas Pfeffer

Sauce:
100 g Baumnüsse
1 hart gekochtes Ei
4 EL Distelöl
1 EL Baumnussöl
2 EL Sherryessig
1 EL Balsamicoessig
etwas Salz
etwas Pfeffer

Vorbereitung:

Den Rosso-Salat waschen und in feine Streifen schneiden, beiseite stellen. Den Lauch in ca. 10 cm lange Stücke schneiden und halbieren. Weisswein, Wermut und Wasser in eine flache Pfanne geben, die Lauchstücke schön einschichten, das Lorbeerblatt beigeben, mit Salz und Pfeffer würzen, 20 Minuten köcheln lassen. Im Sud beiseite stellen.

Zubereitung:

Für die Sauce Baumnüsse in einer Bratpfanne ohne Öl rösten. Ei in feine Würfel schneiden. Öle und Essige in ein Gefäss geben, das Ei und die zerkleinerten Baumnüsse (4 ganze Nüsse beiseitestellen für die Dekoration) beigeben, vermischen und ca. 1/2 Stunde ziehen lassen. Den Lauch auf einem Glasteller fächerartig anrichten, an die Spitze des Fächers etwas Rosso-Salat geben und mit der Salatsauce den Lauch drapieren, etwas Peterli darüberstreuen. Auf den Rosso-Salat eine Baumnuss legen und servieren.

Rezept: Peter Künzli, Ulisbach

Suppen

Spinatcremesuppe

Zutaten für 4 Personen:
300 g Spinat
1 Bund Petersilie
1 Kartoffel
1 Zwiebel fein gehackt
1 Liter Bouillon
wenig Weisswein
Salz
Pfeffer
1 dl Rahm
Kochbutter

Zubereitung:
Spinat waschen und im Butter dünsten, klein gewürfelte Kartoffel, Petersilie und Zwiebeln beigeben und mitdünsten.

Mit Weisswein ablöschen und Bouillon beigeben. Auf kleinem Feuer 20 Minuten kochen.

Suppe pürieren, nachwürzen und nochmals aufkochen.

Geschlagenen Rahm darunterziehen.

Rezept: Christine Egli, Kirchberg

Randensuppe

Zutaten für 6 Personen:
500 g Randen gekocht
2 Äpfel
1 Zwiebel
3 TL Meerrettich
aus dem Glas
1,2 l Bouillon
20 g Butter
1 dl saurer Halbrahm
für die Garnitur

Zubereitung:
Randen und Äpfel in kleine Würfel schneiden
und die Zwiebel grob hacken. Butter schmelzen,
Zwiebeln und Äpfel andämpfen, mit Bouillon
ablöschen. Randen beigeben und alles ca. 40
Minuten kochen. Vom Feuer nehmen und alles
pürieren. Meerrettich beigeben und nochmals
kurz aufkochen. In warme Teller verteilen,
1–2 Kaffeelöffel sauren Halbrahm beigeben und
mit Gabel oder Zahnstocher ein Muster
zeichnen.

Mandelcremesuppe

Zutaten für 4 Personen:
38 g Butter
48 g Weissmehl
1,2 l Geflügelfond (Paste)
48 g Mandeln geschält
1,4 l Milch
48 g Pouletbrüstchen, ohne Haut
1,7 dl Vollrahm
Salz
Pfeffer
Kerbel frisch

Vorbereitung:
Mandeln fein reiben, in Milch aufkochen und 1–2 Stunden ziehen lassen. Pouletbrüstchen in Geflügelfond pochieren (ziehen lassen), in kleine Würfel schneiden. Kerbel waschen und zupfen.

Zubereitung:
Mehl in der Butter andünsten, auskühlen lassen. Mit heissem Geflügelfond und Mandelmilch auffüllen. Mindestens 20 Minuten sieden lassen. Durch feines Drahtsieb passieren und nochmals aufkochen. Mit Rahm verfeinern, abschmecken. Pouletbrustwürfel beigeben. Mit Kerbelblätter garnieren.

Bemerkungen/Tipps:
Für eine weisse Suppe nimmt man gehobelte Mandeln, gemahlene Mandeln ergeben eine etwas dunklere Suppe.

Rezept: Bernadette Moser, Bütschwil

Stockberger Käsesuppe

Zutaten für 4 Personen:
4 Scheiben Schwarzbrot
200 g Toggenburgerkäse
1 Zwiebel
1,5 l Bouillon
1 Ei

Zubereitung:
Das Brot fein schneiden, in Stücke geschnittenen Käse in feuerfestem Topf darüberlegen und die heisse Bouillon darübergiessen. Die Suppe ca. 30 Minuten im Backofen backen. Kurz vor dem Anrichten verklopftes Ei und die fein geschnittene Zwiebel darüber verteilen.

Toggenburger Rüeblisuppe

Zutaten für 4 Personen:
1 EL Bratbutter
4 Rüebli
1 kleiner Lauchstängel
1 Zwiebel
3 EL Mehl
1 Liter Wasser
Bouillon
Salz
Pfeffer

Zubereitung:
Die klein geschnittene Zwiebel und Lauch, die geriebenen Rüebli und das Mehl in der Butter verrühren, bis Dampf aufsteigt. Das Wasser unter Rühren beifügen, würzen mit Bouillon, Salz und Pfeffer und ungefähr ¾ Stunde köcheln lassen.

Die Suppe kann mit etwas Milch angerichtet werden.

Rezept: Ida Bühler, Wuppenau

Geröstete Brösmelisuppe mit Toggenburgerkäse

Zutaten für 5 Personen:

1 EL Bratbutter
3 EL Brösmeli
(getrocknete, geriebene Brotreste)
1 Liter Wasser
Bouillon
Salz
Pfeffer
Muskat
$^1/_2$ Tasse Milch
1 Ei
6 EL geriebener Toggenburgerkäse

Zubereitung:

Die Brösmeli werden in der Butter gerührt, bis sie gleichmässig braun sind. Das Wasser unter Rühren beifügen, würzen und ca. 10 Minuten köcheln lassen. Milch, Muskat, Ei und geriebenen Toggenburgerkäse in die Suppenschüssel geben und gut verrühren. Die heisse Suppe unter ständigem Rühren darübergiessen.

Bärlauchsuppe

Zutaten für 4 Personen:
3 EL Mehl
2 dl Milch
2 dl Wasser
2 Handvoll Bärlauchblätter
Bouillon
1 dl Vollrahm

Zubereitung:
Mehl, Milch und Wasser unter Rühren
aufkochen.
Bärlauchblätter entstielen und dazugeben, mit
Bouillon würzen und ca. 30 Minuten auf
kleinem Feuer kochen. Suppe pürieren und 1 dl
Vollrahm darunterziehen, heiss servieren.

Bemerkungen/Tipps:
Im März/April frische Blätter verwenden. Sie
können auch tiefgekühlt werden.

Rezept: Marie-Rose Schiess-Meyer, Lichtensteig

Brunnenkressesuppe

Zutaten für 4 Personen:
1-2 Schalotten, fein hacken
2 EL eingesottene Butter
150 g Kartoffeln, in kleine
Würfel schneiden
200 g frische Brunnenkresse,
waschen, mit den Stielen
zerkleinern, ein paar Blätter
zur Garnitur beiseite legen
4 dl Gemüse- oder
Hühnerbouillon
2 dl Rahm
Salz und Pfeffer
aus der Mühle

Zubereitung:
Die Kartoffelwürfel im Salzwasser weich kochen, abgiessen. Die Schalotten in der Butter glasig dünsten, Brunnenkresse beigeben und mitdünsten, bis sie zusammenfällt. Die Bouillon aufkochen, Kartoffelwürfel beigeben und mit dem Mixer pürieren, den Rahm beigeben, mit dem Schwingbesen die Suppe auf kleinem Feuer rühren, bis sie eine sämige Konsistenz hat. Die Brunnenkresseblätter mit ca. ½ dl Suppe in den Mixbecher geben und fein pürieren, der restlichen Suppe beigeben, mit Salz und Pfeffer abschmecken. Nach dem Beifügen der Brunnenkresse darf die Suppe nicht mehr kochen, da sie sonst an Vitaminen und Farbe verlieren würde. In Suppentassen anrichten und mit Kresseblättern garnieren.

Bemerkungen/Tipps:
Brunnenkresse gedeiht an fliessenden, sauberen Quellen und Bächen. Sie ernten die Brunnenkresse an kleinen Zuflüssen der Thur und dem Necker von Mai bis September.
Die Brunnenkresse bereichert jeden Blattsalat.
Als Suppe ist sie eine Delikatesse.

Rezept: Maggie Rutz-Colin, Wattwil

Fleischgerichte

Toggenburger Sonntagsbraten

Zutaten für 6 Personen:

600 g Schweinefleisch vom Hals

10 dünn geschnittene, magere Speckscheiben

6 Äpfel

1 kg Kartoffeln

Salz

Pfeffer

Muskat

4 dl Bouillon

Zubereitung:

Eine Kasserolle oder eine Gratinform mit hohem Rand. Die Kasserolle mit den Speckscheiben auslegen. Die Äpfel halbieren, nicht schälen, Kerngehäuse entfernen und mit der Schnittfläche nach unten auf den Speck legen. Kartoffeln schälen und in Würfel schneiden. Gewürztes Schweinefleisch auf die Äpfel legen. Auffüllen mit den Kartoffeln, Bouillon dazugiessen, mit Deckel oder Alufolie abdecken und im 220 Grad heissen Ofen ca. 1 Stunde schmoren lassen. Nach halber Bratzeit Deckel entfernen, damit die Flüssigkeit verdampfen kann.

Rezept: Peter Künzli, Ulisbach

Schweinsschnitzel mit Schinken und Tilsiter

Zutaten für 4 Personen:

4 Schweinsschnitzel
Salz
Pfeffer
wenig Mehl
1 EL Bratbutter
1 EL Zitronensaft
4 Scheiben Schinken
4 Scheiben Tilsiter

Zubereitung:

Backofen auf höchster Stufe vorheizen. Schweinsschnitzel kurz vor dem Braten mit Salz und Pfeffer würzen und sparsam mit Mehl bestäuben. In der Bratpfanne beidseitig anbraten. Sofort mit Zitronensaft beträufeln und aus der Pfanne nehmen. Mit je 1 Scheibe Schinken und Käse belegen. Bratensatz mit wenig Wasser auflösen. Wenn nötig leicht einkochen lassen und zum Fleisch geben. Schnitzel sofort auf der obersten Rille des sehr heissen Ofens so lange überbacken, bis der Tilsiter geschmolzen ist.

Bemerkungen/Tipps:

Ca. 15 Minuten Arbeitszeit, einfach und schnell!

Toggenburger Schnitzel mit Äpfeln

Zutaten für 1 Person:
1 Kalbsschnitzel vom Bäggli
15 g Butter
1/2 Apfel
(z.B. Gravensteiner)
Calvados
1/2 dl Vollrahm

Zubereitung:
Kalbsschnitzel sehr dünn klopfen und mit Salz und Pfeffer aus der Mühle würzen.
Im Fett kurz beidseitig anbraten, sofort aus der Pfanne nehmen und warm stellen. Das Fett abschütten und in der noch warmen Pfanne ein Stück Butter zergehen lassen. Den Apfel schälen, mit Zitronensaft beträufeln und kurz im heissen Wasser blanchieren! Apfel in Würfeli schneiden.
Die Apfelwürfel in die Pfanne geben und kurz andünsten. Das Ganze mit Calvados ablöschen. Vollrahm dazugeben und einkochen lassen.
Das Schnitzel auf einem Teller anrichten und die Calvados-Rahm-Apfelsauce darüber verteilen.

Bemerkungen/Tipps:
Als Garnitur eine dünne Scheibe gebratenen Apfel am Rand platzieren. Dazu passt besonders gut Reis oder Kartoffelgratin.

Rezept: Dani Rhiner, Wattwil

(Oster)-Gitzichüechli

Zutaten für 4 Personen:
1 kg Gitzifleisch mit Knochen
Sud:
1,5 l Wasser
1 dl Weisswein
1 Zwiebel besteckt mit
Lorbeerblatt und
3–4 Nelken
1 Rüebli
1 kleines Stück Sellerie
1 Lauchstängel
1 EL Salz

Bierteig:
200 g Weissmehl
1 TL Salz
2 dl Bier
Fett oder Öl zum Ausbacken

Zubereitung:
Aus Weissmehl, Salz und Bier einen Bierteig rühren, kräftig aufschlagen und 1 Stunde stehen lassen. Gitzifleisch mit den Knochen in grosse Ragout-Stücke schneiden. Für den Sud das Wasser und alle Zutaten (Weisswein, Gemüse, Zwiebel und Salz) zum Kochen bringen und die Fleischstücke darin etwa 45 Minuten weich kochen. Aus dem Sud nehmen und gut abtropfen lassen. Danach den Bierteig nochmals aufrühren. Die Gitzistücke darin wenden und halb schwimmend im heissen Öl oder Fett ausbacken.

Bemerkungen/Tipps:
Geniessen sie Gitzichüechli mit einem knackigen Blattsalat, unter den sie feine Bloderchäswürfeli mischen.

Siedfleisch einmal anders

Zutaten für 4 Personen:
ca. 500 g Siedfleisch
(ganz mager)
Salz und Pfeffer
Knoblauch
Butter und Öl

Vorbereitung:
Siedfleisch in kleine Würfel (ca. 1 cm) schneiden und mit Salz und Pfeffer würzen. Knoblauch fein hacken, alles gut mischen und mindestens 1 Stunde ruhen lassen.

Zubereitung:
Reichlich Butter und Öl erhitzen, Fleisch anbraten und auf kleinem Feuer langsam schmoren lassen (ca. 2–3 Stunden).

Bemerkungen/Tipps:
Man kann auch andere Gewürze nach Gutdünken dazugeben.

Rezept: Luzia Tannu, Bächli

Städtligulasch Lichtensteig

Zutaten für 4 Personen:
800 g Rindsstotzen
(Laffe oder Hohrücken),
in 40-g-Würfel geschnitten
25 g Schweinefett
150 g fein gehackte
Zwiebeln
12 g süsser Paprika
80 g Tomatenpüree
2,5 dl Fleischbouillon
1,5 dl kräftiger Rotwein
$^1/_2$ TL Kümmel
1 kleines Lorbeerblatt
1 Nelke
50-80 g Essiggurken
abgetropft,
in kleine Würfeli geschnitten
120 g farbige Peperoni,
in grobe Würfel geschnitten
80 g grüner Speck,
in dicke Tranchen
geschnitten (anbraten,
abtropfen lassen,
das ausgelaufene Fett
beiseitestellen)
50 g kleine frische
Champignons
etwas Rahm

Zubereitung:
Das Fleisch mit den gehackten Zwiebeln in das in der Kasserolle erwärmte Fett geben. Alles zusammen unter zeitweisem Rühren dünsten, bis der gezogene Fleischsaft vollständig eingekocht ist und sich eine leichte Glace bildet. Dann den Paprika und das Tomatenpüree dazumischen. Mit der Flüssigkeit und dem Wein ablöschen. Lorbeerblatt und Nelke, auf kleine Zwiebel gesteckt, dazugeben. Das Gulasch ca. 60 Minuten dämpfen. Nach 30 Minuten wird der gebratene Speck dem Gulasch beigegeben. Wenn das Fleisch weich ist, auf eine vorgewärmte Platte geben und zugedeckt warm halten. Die Peperoni im Fett vom angebratenen Speck zusammen mit den Champignons anziehen, zugedeckt dünsten.
Zum Schluss die Essiggurken beigeben, nicht mehr kochen. Die Zwiebel mit dem Lorbeerblatt und der Nelke herausnehmen. Die Sauce mit etwas Senf und Rahm abschmecken, das Fleisch und die Gemüsegarnitur beigeben. Nicht mehr kochen lassen.

Urgrossmutters Brätbraten

Zutaten für 4 Personen:
500 g Brät
(halb Rind/halb Kalb)
1 grosse Zwiebel
1 Bund Petersilie
1 Bund Schnittlauch
2 hart gekochte Eier
ca. 200 g Haferflocken
2 Msp. Pfeffer
2 Msp. Paprika
etwas Tabasco
Paniermehl
50 g Butter
6 dl Bratensauce
2 dl Rotwein

Zubereitung:
Zwiebeln, Petersilie und Schnittlauch grob hacken, mit Brät und Haferflocken mischen. Würzen mit Pfeffer, Paprika und Tabasco. Die Masse mit einem Spachtel zu einem Braten formen. Zwei Mulden bilden, die Eier hineinlegen und wieder schliessen, vorsichtig aus der Schüssel nehmen und gut im Paniermehl wenden. In der Bratpfanne Butter erhitzen und den Braten von allen Seiten gut anbraten. Bratensauce mit Rotwein beigeben und ca. 1 Stunde leicht köcheln lassen. Den Braten von Zeit zu Zeit wenden, damit er nicht anbrennt. Den Braten aus der Sauce nehmen und in ca. 2 cm dicke Scheiben schneiden. Einen Saucenspiegel legen, die Brätbratenstücke darauf anrichten und mit Kartoffelstock oder Teigwaren und Gemüse servieren.

Rezept: Peter Künzli, Ulisbach

Öpfelläbere mit Böle

Zutaten für 4 Personen:
4 Leberplätzli oder
400 g geschnittene Leber
100 g Speckwürfeli
2 Zwiebeln
3 dl Flüssigkeit (halb Rotwein
oder Most; halb Wasser)
2 säuerliche Äpfel

Vorbereitung:
Leber in etwas Milch einlegen; Zwiebeln in Streifen und Äpfel in dünne Schnitze schneiden.

Zubereitung:
Speckwürfeli anbraten, Zwiebeln leicht mitdünsten, mit Flüssigkeit ablöschen und mit Bratensauce und mit Gewürzen abschmecken. Apfelschnitze in Sauce geben und die Hitze reduzieren. Die Leber kurz anbraten und Sauce beigeben, servieren.

Bemerkungen/Tipps:
Dazu passen Chnöpfli oder Spätzli.

Rindsgulasch

Zutaten für 4 Personen:
600 g Rindsvoressen
(-ragout)
100 g Rüebli
250 g Zwiebeln
je 150 g rote, gelbe und
grüne Peperoni
Peperoncini
(nach Belieben)
1 EL Bratbutter
1-2 EL Paprika mild
wenig Paprika scharf
1 dl Rotwein
2 dl Fleischbouillon
2-3 EL Tomatenpüree
600 g Kartoffeln
Salz

Vorbereitungszeit ca. 40 Minuten

Zubereitung:
Fleisch halbieren, Rüebli in Rädchen oder
Stängeli schneiden. Peperoni waschen, entkernen
und in kleine Stücke schneiden, Zwiebeln
hacken. Bratbutter erhitzen, Fleisch darin
wenden, anbraten und nach einigen Minuten
herausnehmen. Zwiebeln, Rüebli und Peperoni
zum Fond geben und etwas andämpfen. Das
Fleisch wieder hinzugeben und mit Paprika
würzen. Das Tomatenpüree daruntermischen
und mit Rotwein und Bouillon ablöschen.
20 Minuten köcheln lassen und anschliessend
die Kartoffelwürfel und etwas Salz hinzugeben.
Nochmals 20 Minuten kochen lassen, eventuell
nachwürzen. Vor dem Servieren eventuell mit
Salz abschmecken.

Bemerkungen/Tipps:
Dazu passt zum Beispiel ein Blattsalat.

Rezept: Thomas Allenspach, Stein

Toggenburger Fleischrösti

Zutaten für 4 Personen:

Resten von Siedfleisch oder Braten
4 Tassen Brotwürfeli
1-2 EL Schweinefett
4 Tassen Fleischbrühe
Saft von ca. 1 Zitrone
Salz
Pfeffer
2 Zwiebeln

Zubereitung:

Etwa ebenso viele Fleischreste wie Brot in kleine Würfeli schneiden. Zwiebeln hacken, im Fett leicht andünsten. Fleisch und Brot beifügen. Unter ständigem Umrühren gleichmässig braun rösten. Mit Fleischbrühe und Zitronensaft ablöschen und mit Salz und Pfeffer würzen.

Bemerkungen/Tipps:

Mit einem Salat dazu serviert ergibt alles einen Znacht!

Kalbsroulade mit Kerbel (für Feinschmecker)

Zutaten für 4 Personen:
8 dünne
Kalbsschnitzel (600 g)
200 g Kalbsbrät
1 EL Rahm
grüner Pfeffer
1 1/2 TL Kerbelblätter
Salz
Koriander
Pfeffer
300 g Gurke (geschält und
in kleine Würfel geschnitten)
2 dl Doppelrahm
1/2 TL Paprika

Zubereitung:
Kalbsbrät mit Rahm, grünem Pfeffer 1/2 TL
Kerbel und Muskat mit einer Gabel gut mischen.
Kalbsschnitzel flach klopfen, mit Salz, Pfeffer
und Paprika würzen. Das Brät in fingerdicke
Rollen formen. Stücke davon abschneiden und
auf die Plätzchen legen, einrollen und mit
Holzspiesschen fixieren. Die Kalbsrouladen
allseitig in Butter anbraten. Gurkenwürfel
beigeben. Zugedeckt 20 Minuten dünsten.
Sollte sich viel Flüssigkeit gebildet haben, diese
in ein kleines Pfännchen abgiessen und auf die
Hälfte einkochen. Die Gurkenwürfel mit Salz,
Pfeffer und Koriander pikant würzen.
Doppelrahm dazugiessen, etwas eindicken
lassen. Gut nachwürzen! Das Fleisch auf einer
vorgewärmten Platte anrichten, mit der Sauce
überziehen und mit Kerbel bestreuen.

Bemerkungen/Tipps:
Kerbel wächst im Toggenburg zur Genüge!

Rezept: Irma Weiss, Ebnat-Kappel

Würzige Nierli

Zutaten für 4 Personen:
800 g Kalbsnieren
800 g Champignons
Salz
1 grosse Zwiebel
3 Zehen Knoblauch
Pfeffer
Kräuterbuttergewürzmischung
Worcestersauce
Olivenöl
Butter

Vorbereitung:
Nieren sauber vom Fett befreien, schichtweise in ein Sieb legen und jede Schicht dicht einsalzen. Nieren 20 Minuten oder länger ziehen lassen. Anschliessend gut abspülen und abtropfen. Champignons reinigen, Stiele abschneiden, je nach Grösse halbieren. Zwiebel und Knoblauchzehen fein hacken.

Zubereitung:
Zwiebeln und Knoblauch in Butter andämpfen, die Kräuterbuttergewürze dazugeben. Die abgespülten, gut abgetropften Nieren in die heisse Butter geben, kurz anbraten, dann die Champignons dazugeben, etwas Olivenöl nachgiessen. Die Nieren mit Pfeffer, Salz und Worcestersauce abschmecken. Mit Rösti servieren.

Bemerkungen/Tipps:
Nieren nicht zu lange erhitzen, da sie sonst zäh werden.

Grossmutters Hackbraten

Zutaten für 4 Personen:
250 g Gehacktes (Rind)
250 g Brät
2 kleine Rüebli
1 kleiner Lauch
1 Knoblauchzehe
1 Zwiebel
2 EL Haferflocken
etwas Milch
1 gekochtes Ei
2 TL Senf
Gewürzsalz
gewöhnliches Fleischgewürz
Flüssigwürze
1 Esslöffel Bouillon
4 dl Wasser

Vorbereitung:
Gehacktes und Brät mischen, Haferflocken in Milch einweichen. Knoblauchzehe pressen, Rüebli, Lauch und Zwiebel fein schneiden.

Zubereitung:
Gemüse, eingeweichte Haferflocken und Senf gut unter das Brät und das Gehackte mischen (am besten von Hand), würzen. Am Schluss das gekochte Ei in die Mitte des Bratens geben. Gut anbraten. Bouillon und Wasser zusammen aufkochen, über den Braten geben und ca. 60 Min. schmoren lassen.

Bemerkungen/Tipps:
Den Braten im Paniermehl wenden.
Im Römertopf schmeckt er am besten.

Rezept: Verena Lanz, Ebnat-Kappel

Schweinssteak nach Toggenburger Art

Zutaten für 4 Personen:
4-6 Schweinssteak vom
Nierstück à ca. 180 g
Bratbutter
Mehl
1 Ei
Paniermehl
Zitronenschnitz/-scheibe

Füllung:
20 g Butter
1 Zwiebel gehackt
1 Knoblauchzehe gehackt
40 g Schinkenwürfeli
1 Pantli gewürfelt
60 g Toggenburgerkäse
gewürfelt
Petersilie gehackt

Vorbereitung:
Schweinssteak so zuschneiden, dass sie sich wie
Cordons bleus füllen lassen.

Zubereitung:
Zwiebeln, Knoblauchzehe im Butter dünsten,
Schinken und Pantli mitdünsten, auskühlen
lassen. Käse und Peterli daruntermischen. Steak
öffnen und etwas flach klopfen, würzen (Salz,
Pfeffer, Paprika). Auf eine Hälfte 1 gehäufter EL
Füllung geben, schliessen und evtl. mit Zahnstocher fixieren, in Mehl und Ei wenden und
panieren. In Bratbutter bei mittlerer Hitze
langsam schön goldgelb braten.
Mit Zitronenscheibe/-schnitz garnieren.

Bemerkungen/Tipps:
Mit Kartoffelgratin, Bohnenbündeli und
glasierten Karotten servieren.

Kaninchenrücken mit Spargeln

Zutaten für 4 – 6 Personen:
500 g feine grüne Spargeln
2 Handvoll gehackter
Bärlauch
2 dl Rahm
500-800 g Kaninchenrücken
(Filets)
Salz
Pfeffer
1 EL Öl
ca. 100 g Cherry-Tomaten
1 dl Weisswein
$^1/_2$ dl Bouillon

Zubereitung:
Spargel anschneiden, halbieren und in Salzwasser knapp weich garen. Eiskalt abschrecken.
Bärlauch und Rahm im Cutter pürieren (wird leicht geschlagener Rahm).
Kaninchenfleisch in grobe Würfel schneiden. Mit Salz und Pfeffer würzen. Im Öl scharf anbraten. Hitze zurückstellen und durchziehen lassen. Herausnehmen und warm stellen. Wenn nötig Öl nachgeben, Spargeln und Cherry-Tomaten kurz andünsten. Ebenfalls warm stellen. Fond mit Weisswein und Bouillon ablöschen. 3 EL Bärlauchrahm beiseite stellen. Den Rest zur Sauce rühren und leicht einkochen lassen. Kaninchenwürfel und Gemüse auf heisse Teller anrichten. Mit Sauce übergiessen und mit dem restlichen Bärlauchrahm und evtl. Bärlauchblätter garnieren. Dazu können jegliche Art Kartoffeln und Teigwaren serviert werden!

Bemerkungen/Tipps:
Es kann auch jegliches andere Fleisch, z.B. Truten oder Kalb, dafür verwendet werden!

Rezept: Yvonne Brunner, Jonschwil

Wattwiler Fischeintopf

Zutaten für 6 Personen:
1 kg Kartoffeln
2 grosse Zwiebeln
1 kg Tomaten
1 kg Kabeljau gefroren
Knoblauch
Salz
Pfeffer
Pfefferschoten
Öl

Zubereitung:
Geschälte Kartoffeln und Tomaten in 5 mm dicke Scheiben schneiden. Zwiebeln in sehr feine Scheiben schneiden, Knoblauch hacken. In Dampfkochtopf ca. 5 mm Öl geben, Pfefferschoten dazugeben.
Einschichten:
1. Schicht – 3 cm Kartoffeln,
2. Schicht – Zwiebeln,
3. Schicht – Tomaten, Salz, Pfeffer, Knoblauch,
4. Schicht – Fisch, Salz, Pfeffer, Knoblauch,
5. Schicht – Zwiebeln,
6. Schicht – Tomaten, Salz, Pfeffer, Knoblauch,
7. Schicht – Kartoffeln.
20 Minuten im Dampfkochtopf garen.

Toggenburgerli im Teig

Zutaten für 4 Personen:
4 Toggenburgerli (Wienerli)
1 Blätterteig
Senf
Specktranchen

Zubereitung:
Den ausgewallten Blätterteig in 4 Stücke teilen. Die Toggenburgerli mit Senf bestreichen, mit Specktranchen umwickeln und auf dem Teigrechteck platzieren. Den Teig um die Toggenburgerli wickeln, mit Gabel einstechen und mit Eigelb bepinseln.
Ca. 20 Minuten bei 200 Grad backen.

Bemerkungen/Tipps:
Dazu servieren wir einen gemischten Salat und ein feines Glas Wein.

Rezept: Claudia Müller, Hemberg

Yburger Senfplätzli

Zutaten für 4 Personen:

2 EL Öl oder Bratbutter
8 Schweinsplätzli vom Nierstück
Salz
Pfeffer
300 g Sauerrahm mit Kräutern
2 dl Bratensauce gebunden
2 EL Senf
1 EL Ketchup
2 EL Johannisbeergelee
Maisstärke
1 kleine rohe Rande, in feine Streifen geschnitten
etwas Vollrahm

Zubereitung:

Die Schweinsplätzli mit Salz und Pfeffer würzen und im heissen Öl oder Bratbutter kräftig anbraten, warm stellen. Sauerrahm mit Kräutern und die Bratensauce aufkochen und mit etwas in kaltem Wasser angerührtem Maisstärke binden. Senf, Ketchup und Johannisbeergelee beigeben und gut verrühren. Mit dem Vollrahm verfeinern. Das Fleisch zur Sauce geben und nochmals kurz aufkochen lassen. Das Fleisch anrichten und die Randenstreifen darüberstreuen.

Bemerkungen/Tipps:

Dazu passen Eierspätzli, Reis und Mischgemüse.

Gefüllte Schweinsmedaillons
mit Toggenburger Bergkäse

Zutaten für 4 Personen:
600 g Schweinsfilet
20 g Butter
40 g gehackte Zwiebeln
80 g Schinken, in kleine
Würfel geschnitten
80 g geriebener Bergkäse
10 g geschnittener
Schnittlauch
Salz
Pfeffer
2 Eier
30 g Weissmehl
120 g Paniermehl
120 g Bratbutter

Füllung:
In einer Pfanne die Butter erhitzen, Zwiebeln anschwitzen, Schinken sowie Käse und Schnittlauch dazugeben. Masse erkalten lassen. Schweinsfilet in 8 Medaillons schneiden. Die Medaillons querdurch einschneiden und mit der Schinken-Käsemasse füllen, leicht anklopfen.

Zubereitung:
Die Medaillons würzen, im Mehl und Ei wenden und panieren. Bratbutter in einer Pfanne erhitzen und die Medaillons auf jeder Seite ca. 5 Minuten bei nicht zu hoher Hitze goldgelb braten.

Rezept: Bruno Schneider, Mosnang

Getreide
Teigwaren
Kartoffeln

Spaghetti Toggenburger Art

Zutaten für 4 Personen:

400 g Spaghetti
150 g Speckwürfeli
1 Zwiebel gehackt
2 dl Rahm
etwas Bouillon
3 Eier
150 g Toggenburgerkäse

Zutaten und Zubereitung:

Spaghetti al dente kochen.
Speckwürfeli und gehackte Zwiebel glasig
braten, mit Rahm und etwas Bouillon ablöschen,
leicht köcheln lassen.
Eier und Toggenburgerkäse mischen und mit
den Spaghetti und der Sauce gut vermischen.

Bemerkungen/Tipps:

Dazu passt sehr gut ein gemischter Salat.

Rezept: Claudia Müller, Hemberg

Bauerngriesskuchen

Zutaten für 4 Personen:

Griessbrei:
5 dl Milch
1 Prise Salz
100 g Griess
3 EL Zucker
1 Vanilleschote
4 Eier

Apfelfüllung:
3 mittelgrosse Äpfel geraffelt
geriebene Haselnüsse
1 Zitronenschale abgerieben
etwas Rahm
3-4 Eier
Zucker nach Belieben

Zubereitung:

Griessbrei:
Milch in die Pfanne geben, Vanilleschote aufschneiden, beifügen und aufkochen. Mit einer Prise Salz würzen, den Griess einrühren und auf kleiner Stufe ca. 20 Minuten köcheln lassen. Von Zeit zu Zeit rühren. Nach beendeter Kochzeit den Zucker einrühren und den Griessbrei erkalten lassen. 4 Eigelb unter den ausgekühlten Brei rühren, 4 Eiweiss steif schlagen, darunterziehen und in ausgebutterte Auflaufform füllen.

Apfelfüllung:
Die restlichen Zutaten zusammenmischen und auf den Griessbrei verteilen, ca. 30 Minuten bei Mittelhitze im Ofen backen.

Rezept: Esther Bösch-Frei, Ebnat-Kappel

Linseneintopf

Zutaten für 4 Personen:
250 g braune Linsen
(oder grüne)
100 g Sellerieknollen
2 Rüebli
2 Kartoffeln
100 g Speck oder Rippli
1 Zwiebel
1 Knoblauchzehe
Olivenöl
Bouillon
Gewürze
Parmesankäse gerieben

Vorbereitung:
Linsen über Nacht mit Wasser bedeckt
einweichen. Gemüse und Fleisch in Würfelchen
schneiden.

Zubereitung:
Olivenöl erhitzen. Zwiebel, Knoblauch und
Speck dünsten. Linsen dazugeben, dünsten, mit
Bouillon ablöschen und ½ Stunde köcheln
lassen.
Gemüse dazugeben und ca. 20 Minuten weiter
köcheln lassen. Abschmecken mit Gewürzen
(Peterli, Mayoran, Pfeffer, Thymian, Basilikum).

Bemerkungen/Tipps:
Mit geriebenem Parmesan und grünem Salat
servieren. Dies ist ein schnelles Gericht. Bei
guter Vorbereitung hat man höchstens ½ Stunde
Arbeit.

Rezept: Jutta Barth, Wattwil

Ziger-Hörnli

Zutaten für 4 Personen:
1 grosse Zwiebel
2 EL eingesottene Butter
400 g Hörnli
$^1/_2$ l Bouillon
150 g Schabziger geraffelt
30 g Butter
1 EL gehackte Petersilie
Pfeffer
Salz

Zubereitung:
Fein gehackte Zwiebel in Butter hellgelb
dünsten. Hörnli roh dazugeben und 1–2
Minuten mitdünsten. Mit der Hälfte der
Bouillon ablöschen, Bouillon nachgeben bis die
Hörnli weich sind (15–20 Minuten).
Die Flüssigkeit sollte ganz aufgesogen werden.
Vor dem Servieren die Hörnli mit dem
Schabziger, der in Flocken geschnittenen Butter
und Petersilie mischen und mit gemahlenem
Pfeffer und Salz nachwürzen.

Mais-Ofeguck

Zutaten für 4 Personen:

1 l Milch
250 g Maismehl
(Türggeribelmehl)
2-3 EL Zucker
wenig Salz
3 Eier
4 EL Weissmehl
50-70 g Butter

Zubereitung:

Butter in einer Auflaufform schmelzen lassen. Alle anderen Zutaten gut mischen und in die Form giessen. Nicht umrühren. Im unteren Drittel des Ofens bei Mittelhitze (ca. 170 Grad) backen. Bei Umluft im oberen Drittel (bei 160 Grad, später 130 Grad) backen. Die Backzeit beträgt 1 ¼ Stunden, bis sich eine hellbraune Kruste gebildet hat.

Bemerkungen/Tipps:

Apfelstückli schmecken fein zu dieser Köstlichkeit.

Rezept: Heidi Hutter-Zogg, Rickenbach

Härdöpfelchüechli

Zutaten für 4 Personen:
ca. 1 kg gekochte Kartoffeln
Frühlingszwiebeln oder
1 Lauch und Peterli
1-2 Eier
2-3 EL Mehl
Salz
Pfeffer
Muskat
Öl zum Anbraten

Vorbereitung:
Kartoffeln schälen, mit der Röstiraffel reiben.
Eier, Mehl und Gewürze mit der Kartoffelmasse
vermischen. Frühlingszwiebeln oder Lauch und
Peterli fein schneiden und daruntermischen.
Man kann auch Kartoffelstock verwenden!

Zubereitung:
Öl in Bratpfanne erhitzen, mit dem Esslöffel
etwas vom Teig abstechen, vorsichtig in
Bratpfanne geben, beidseitig braten und etwas
flach drücken.

Bemerkungen/Tipps:
Man kann dazu Salat oder Apfelstücke servieren.
Kinder essen diese Chüechli sehr gern!

Käse-Magronen mit Zwiebel-Schweitze

Zutaten für 4 Personen:
4 dl Saucen-Halbrahm
$^1/_2$ dl Milch
200 g Toggenburger
Hartkäse gerieben
Salz, Pfeffer
500 g Magronen

Zwiebelschweitze:
1 grosse Zwiebel,
in Ringe geschnitten
1 EL Butter

Zubereitung:
Magronen im Salzwasser kochen.
Wasser abgiessen. Saucen-Halbrahm zusammen
mit der Milch erwärmen und den geriebenen
Käse beimischen. Magronen mit der Käsesauce
vermischen und in vorgewärmte Teller verteilen
und warm halten.

Zwiebel in einer Bratpfanne in der nicht zu
heissen Butter hellbraun rösten und über die
Käse-Magronen verteilen.

Bemerkungen/Tipps:
Dazu Apfelmus oder einen gemischten
Saisonsalat servieren.

Rezept: Elisabeth Thür, Oberuzwil

Nagelflueh

Zutaten für 4-5 Personen:
1 kg Müslerbirnen
ca. 200 g Zucker
1 kg Kartoffeln
ca. 20 g Butter

Zubereitung:
Die ganzen Früchte zu ⅔ mit Wasser überdecken. Den Zucker dazugeben und ca. 20 Minuten kochen. Die Kartoffeln schälen, zerkleinern (wie für Kartoffelstock) und im Salzwasser ca. 10 Minuten kochen. Von den Müslern Stiel und Fliege entfernen, zu den Kartoffeln geben und zusammen zerstossen. Etwas Saft von den gekochten Birnen daruntermischen. Vor dem Servieren «abeschmalze», das heisst die Butter erhitzen und über das Birnen-Kartoffelgemisch giessen.

Bemerkungen/Tipps:
Der Rest des Saftes oder Milchkaffee kann zu diesem urchigen Gericht getrunken werden.

Chnöpfli mit Toggenburger Bloderchäs

Zutaten für 4 Personen:

Knöpfliteig:
250 g Weissmehl
3 Eier
0,6 dl Milch
75 g Magerquark
Salz
Pfeffer
Muskat

250 g Bloderchäs, in kleine Würfel geschnitten
50 g Kochbutter
150 g geschnetzelte Zwiebeln
1 dl Rahm
gehackte Petersilie

Vorbereitung:
Mehl in eine Schüssel geben, in der Mitte eine Vertiefung machen, Eier, Milch, Quark und Gewürze dazugeben. Zu einem Teig rühren und schlagen, bis er Blasen wirft. Teig durch ein Spätzlisieb in siedendes Wasser drücken, erwellen und abschütten.

Zubereitung:
Die Hälfte der Butter in einer Pfanne zergehen lassen und die Knöpfli darin schwenken, ohne dass sie Farbe annehmen. Bloderchäs dazugeben, Rahm beifügen, würzen und ca. 1 Minute ziehen lassen. Anrichten und warm halten. Mit der restlichen Butter die Zwiebeln goldbraun rösten, über die Knöpfli geben und mit gehackter Petersilie bestreuen.

Rezept: Bruno Schneider, Mosnang

Milch
Eier
Käse

Toggenburger Bergkäse-Steak

Zutaten für 4 Personen:

500 g Bergkäse
in ca. 1 cm dicken Scheiben
Pfeffer
Paprika
Mehl
2 zerklopfte Eier
Paniermehl
Öl

Vorbereitung:

Die Bergkäse-Scheiben mit Pfeffer und Paprika würzen und mit Mehl bestäuben. Im Ei und dann im Paniermehl wenden und gut andrücken. Diesen Vorgang wiederholen, so dass das Toggenburger Bergkäse-Steak zweimal paniert ist.

Zubereitung:

Die Scheiben in einer Bratpfanne im heissen Öl halbschwimmend 2–3 Minuten backen.
Heiss mit Silberzwiebeln und Essiggurken geniessen.

Bemerkungen/Tipps:

Mit Trockenreis und Salat servieren.

Rezept: Käserei Stofel, Unterwasser

Toggenburger Vogelheu

Zutaten für 4 Personen:

250 g Brot
4 dl Milch
25 g Butter
1 Zwiebel gehackt
1 Bund Petersilie
80 g Appenzellerkäse
mit Röstiraffel gerieben
3 Eier
$^1/_2$ TL Salz
Pfeffer
Muskatnuss frisch gemahlen
(Muskatmühle)

Vorbereitung:

Brot in Würfel schneiden und in der Milch einweichen.

Zubereitung:

Butter, Zwiebel und Petersilie in einer Bratpfanne andämpfen. Eingeweichtes Brot dazugeben, rundum goldbraun anbraten, den Käse dazugeben, Eier dazugeben und würzen.

Bemerkungen/Tipps:

Sobald die Eier in der Pfanne sind, nicht mehr allzu lange braten. Sonst werden die Eier trocken.

Toggenburger Ofenspaghetti

Zutaten für 4 Personen:
200 g Spaghetti
Sauce:
150 g rezenter Käse
gerieben z.B. Alpkäse
5 dl Rahm
ca. 1 Tube Tomatenpüree
Streuwürze
Pfeffer

Zubereitung
Zutaten für die Sauce mischen und in eine ofenfeste Form geben. Bei 200 Grad im Ofen ca. 20 Minuten backen.

In der Zwischenzeit Spaghetti kochen (oder Nudeln).

Bemerkungen/Tipps:
Varianten: mit Schinkenstreifen, mit gebratenen Speckstreifen, weniger Rahm dafür etwas Rotwein. Dazu Salat servieren.

Rezept: Corinna Kuhn, Nesslau

Vegiburger à la Jutta

Zutaten für 1 Person:
Altes, trockenes Brot
Eier
Milch
Gewürze
Bergkäse
Butter

Zubereitung:
Brot im Wolf mahlen, pro Person 2 gehäufte Suppenlöffel in Schüssel geben. Salz, Salbei, Thymian, Knoblauch, Zwiebeln (Pulver oder gedünstet) und Pfeffer dazugeben. Pro Person 1 Ei hineinschlagen und mit wenig Milch einen dicken Brei anfertigen, den Brei am besten 1 Stunde stehen lassen. Bergkäse raffeln und daruntermischen. Mit einem Löffel kleine Plätzchen formen und in der Butter anbraten. Verschiedene Salate dazu servieren. Ergibt ein feines Mittag- oder Abendessen.

Bemerkungen/Tipps:
Je dünner die Plätzchen desto besser.

Bratchäs Holumi

Zutaten für 4 Personen:
200 g Bio-Bratkäse
5-6 Blätter roter Blattsalat
3 dl Bio-Olivenöl
1 Knoblauchzehe
1 Prise Kräutersalz
etwas Pfeffer
Öl
Essig
Knoblauch
Schnittlauch
ca. 10 kleine Wildpilze oder
sonstige frische Pilze

Zubereitung:
Alle Zutaten, sofern nötig, gut waschen.
Bratkäse in ca. 4x4 cm grosse, halbfingerdicke
Scheiben schneiden und mit Kräutersalz und
Pfeffer würzen.
Essig, Öl, Knoblauch, Schnittlauch und
Gewürze zu einer sämigen Sauce rühren.
Salat in Blattform auf Teller anrichten und mit
Salatsauce beträufeln. Bratkäse in Bratpfanne im
heissen Olivenöl auf mittlerer Stufe goldbraun
braten (verläuft nicht). Wildpilze dazugeben und
kurz mitdünsten. Käse und Pilze auf Salatbett
anrichten und sofort servieren.

Bemerkungen/Tipps:
Der Bratchäs Holumi kann auch sehr gut in
einer Tapa-Platte als einzelner Bestandteil
integriert werden.

Rezept: Hans Suter, Unterwasser

Toggenburger Bauernomelette

Zutaten für 4 Personen:

4 Eier
4 EL Milch
1 Prise Salz
Muskat
1 Zwiebel
50 g Speckwürfeli
150 g Kartoffeln
in Würfel geschnitten
50 g Toggenburgerkäse
150 g Emmentalerkäse
in Würfel geschnitten
2 Tomaten

Zubereitung:

Die Eier in Milch, Salz und Muskat verklopfen. Zwiebel fein schneiden, andämpfen, Speck und Kartoffelwürfeli dazugeben und alles leicht anbraten. Eier in die Pfanne geben, Käsewürfeli darin verteilen und so lange auf kleinem Feuer backen, bis die Omelette anfängt, fest zu werden. Zum Schluss die in Scheiben geschnittenen Tomaten darauflegen und die Omelette fertig backen.

Mosliger Käsekugeln

Zutaten für ca. 6 Personen:

300 g Mosliger Huus-Chäs
reif, fein gerieben
200 g Mosliger Huus-Chäs
mild, fein gerieben
1 gestr. KL Maisstärke
3 frische, verquirlte Eier
etwas frisch gemahlener
Muskat
1 Prise Salz
wenig Pfeffer aus der Mühle
Paniermehl
Frittieröl

Zubereitung:

Alles gut mischen und durchkneten.
Baumnussgrosse Kugeln formen (ca. 20 g).
Im Paniermehl wenden und gut andrücken.
In heissem Frittieröl goldbraun backen
(ca. 2–3 Minuten bei 180 Grad).

Bemerkungen/Tipps:

Anrichten auf vorbereiteten, gemischten
Sommersalat! Ergibt ca. 30 Kugeln, pro Person
rechnet man ca. 5 Kugeln.

Rezept: Judith Kaufmann, Mosnang

Aufläufe

Kartoffel-Gratin

Zutaten für 4 – 6 Personen:

1 Knoblauchzehe halbiert
1 EL Butter
800 g Kartoffeln
1 TL Salz
Pfeffer

Guss:
4 dl Milch
2 dl Rahm
100 g Toggenburger
Hartkäse gerieben
1 TL Salz
Butterflöckli

Zubereitung:

Grosse, flache Gratinform mit Butter und Knoblauch ausreiben. Kartoffeln schälen, abspülen, in dünne Scheiben schneiden, lagenweise in die Form füllen, Salz und Pfeffer dazwischenstreuen.

Für den Guss alle Zutaten mischen und über die Kartoffeln giessen. Butterflöckli darüber verteilen.

60 Minuten in der Mitte des auf 200 Grad vorgeheizten Ofens backen.

Rezept: Elisabeth Thür, Oberuzwil

Mangold-Gratin

Zutaten für 4 – 6 Personen:
ca. 2 kg Mangold
Bouillon
1 Zwiebel
2 Knoblauchzehen
Specktranchen
nach Belieben
Reibkäse
Sauerrahm oder
Halbrahm

Vorbereitung:
Mangold waschen, Blätter und Stiele in ca. 4 cm grosse Stücke schneiden, in Bouillonwasser weich kochen.
Zwiebel und Knoblauch zerkleinern, zusammen mit den Specktranchen (Menge nach Belieben) schnell anbraten.

Zubereitung:
Den gekochten Mangold in einer Gratinform ausbreiten. Zwiebel, Knoblauch, Speck, Reibkäse, Sauerrahm oder Halbrahm und etwas Bouillon darübergeben und mit einer Gabel oberflächlich vermischen, im Ofen heiss werden lassen.

Bemerkungen/Tipps:
Passt gut zu Bratkartoffeln oder Polenta – dazu ein Glas Rotwein! Kann gut vorbereitet werden.

Eier-Lauch-Gratin

Zutaten für 4 – 6 Personen:

750 g Lauch
300 g Rüebli
2 EL Butter
2 EL Mehl
5 dl Milch
2 Eigelb
6 EL Rahm
60 g Bergkäse
Pfeffer, Muskat, Salz
8 Eier
2 EL geriebenes Weissbrot
1 EL Butterflocken

Zubereitung:

Lauch und Rüebli in Stücke schneiden und in wenig Bouillon separat knapp weich garen. Butter in einer Pfanne schmelzen lassen, Mehl zufügen, dünsten. Milch zugiessen, glattrühren, ca. 15 Minuten köcheln lassen. Eigelb und Rahm zusammen gut verrühren, 4–5 EL weisse Sauce untermischen. Die Eigelbmasse zur weissen Sauce zurück giessen, unter Rühren aufkochen. Bergkäse und Gewürze beigeben. Die Eier während 5 Minuten wachsweich kochen. Eine Gratinform ausbuttern. Den gut abgetropften Lauch und die Rüebli darin verteilen. Die geschälten Eier obenauf setzen. Die Eier mit der Käsesauce bedecken. Mit dem geriebenen Weissbrot bestreuen und mit Butterflöckli belegen. Im Ofen bei 250 Grad während ca. 10–15 Minuten überbacken.

Rezept: Anni Abderhalden, Alt St. Johann

Ganterschwiler Spargelgratin

Zutaten für 6 – 8 Personen:

2 kg Spargeln,
(grüne oder weisse)
100 g Kochschinken
2 Eigelb
250 g Magerquark
1 dl Milch
Salz, Pfeffer
30 g geriebener
Toggenburgerkäse

Zubereitung:

Die Spargeln rüsten und in viel Salzwasser
knapp weich kochen. Dann in 5 cm lange Stücke
schneiden. Das Gemüse in eine Gratinform
verteilen. Schinken in Streifen schneiden und
auf den Spargeln verteilen.

Das Eigelb mit Quark, Milch, Salz und Pfeffer
verrühren und über die Spargeln giessen.

Mit dem Käse bestreuen. Im vorgeheizten Ofen
auf 250 Grad 15 Minuten gratinieren.

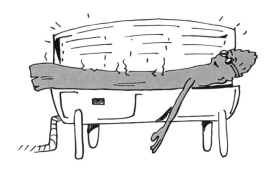

Spinatauflauf

Zutaten für 4 – 6 Personen:

800 g Spinat
2^1/$_2$ dl Bechamelsauce
ausgekühlt
2 Eigelb
50 g Käse gerieben
100 g Schinkenstreifen
Pfeffer
Salz
Muskat
2 Eiweiss steif geschlagen
Butterflocken
2–3 EL Käse gerieben

Zubereitung:

Spinat in reichlich Salzwasser 3–4 Minuten kochen, gut abtropfen lassen. Eigelb, Schinkenstreifen, Käse und Gewürze unter die Bechamelsauce mischen und den Spinat beigeben. Eiweiss steif schlagen und sorgfältig unter die Masse ziehen. Das Ganze in eine ausgebutterte Gratinform geben und den Käse und die Butterflocken darüber verteilen. Bei 200 Grad während 40–50 Minuten überbacken.

Rezept: Annelies Baumann, Ganterschwil

Babettes Brotgratin

Zutaten für 4 Personen:
300 g Brotdünkli
100 g Speckwürfeli
ohne Fett leicht anbraten
200 g Appenzellerkäse in
kleinere Würfel geschnitten
1 Apfel in Würfelchen
schneiden
zusammen verquirlen:
6 dl Milch
4 Eier
1 TL Salz
1 Msp. Muskat

Zubereitung:
Die Zutaten lagenweise in eine Auflaufform
schichten und mit Brotdünkli abschliessen.
Eiermilch darübergiessen und 40–50 Minuten
bei 180 Grad backen.

Bemerkungen/Tipps:
Dazu passen grüner Salat, aber auch gedämpfte
Apfelstückli.

Desserts

Grossmutters Beeri-Creme

Zutaten für 4 – 6 Personen:

250 g Magerquark
100–250 g Zucker
500 g Himbeeren oder
Brombeeren
2 dl Halbrahm

Vorbereitung:

Quark und Zucker mischen, Beeren zerdrücken oder mixen, Rahm steif schlagen. Alles zu einer feinen Creme mischen.

Bemerkungen/Tipps:

In meinem Garten wachsen viele Himbeeren und Brombeeren. Was ich nicht sofort für Dessert oder Konfitüre brauche, wird eingefroren. So kann ich auch im Winter immer wieder gluschtige Desserts zubereiten.

Rezept: Elisabeth Künzle, Oberhelfenschwil

Gefüllte Äpfel Grossmutterart

Zutaten für 4 – 6 Personen:
8 mittelgrosse, feste Äpfel
100 g geriebene Haselnüsse
100 g Weinbeeren
30 g Zucker
100 g geriebene Mandeln
5 dl Süssmost
50 g Butter
25 g Kirsch

Vorbereitung:
Äpfel schälen und mit Zitronensaft einreiben.
Gehäuse gut aushöhlen. Mandeln, Haselnüsse,
die im Kirsch marinierten Weinbeeren und den
Zucker vermischen. Die Äpfel satt mit dieser
Füllung füllen.

Zubereitung:
Die Äpfel in eine gebutterte Form legen,
den Süssmost dazugiessen und mit einer
Butterflocke belegen.
Die Äpfel im Ofen bei ca. 190 Grad 25 Minuten
schmoren.

Bemerkungen/Tipps:
Mit einer Vanillesauce servieren.

Rezept: Maria Scherrer, Rapperswil

Buuremaitli im Schleier

Zutaten für 4 Personen:
getrocknetes oder hartes
Altbrot
1 Handvoll Sultaninen nach
Belieben
Vanillezucker oder Zimt
Zitronensaft
Kakaopulver
gemahlene Haselnüsse oder
gemahlene Mandeln
1 Becher Magerquark
heisse Milch

Vorbereitung:
Das alte, harte Brot durch die Fleischhack-maschine treiben oder mit hölzernem Kartoffelstössel in der Milchpfanne fein zerstossen. Mit kochender Milch übergiessen, bis die ganze Masse schwellen kann. Evtl. nachgiessen, wenn es nach Beigabe der Zutaten zu trocken ist.

Zubereitung:
Die Sultaninen mit heissem Wasser gut waschen, alle Zutaten mischen und in flacher Schale (evtl. schon in den Frucht- oder Dessert-schälchen) kalt stellen.

Schleier:
Magerquark mit etwas Milch und feinem Roh- und Vanillezucker zu geschwungenem Nidel schlagen und über der kalten Masse dick auftragen.

Rezept: Dorothea Wunderli-Roth, Zürich

Chratzete

Zutaten für 4 Personen:
1 l Flüssigkeit
(halb Wasser/halb Milch)
6 Eier
1 TL Salz
400 g Mehl (Weiss-,
Halbweiss- oder Ruchmehl)
Bratbutter

Zubereitung:
Flüssigkeit, Eier und Salz gut rühren, Mehl dazugeben, zu einem Teig glattrühren. Etwas Bratbutter in die Bratpfanne und ca. 2 dl Teig in die heisse Butter geben. Die Masse schön gelb backen, wenden und mit der Bratenschaufel klein zerhacken. Nochmals etwas backen, auf vorgewärmte Platte geben und mit Zimt-Zucker bestreuen.

Bemerkungen/Tipps:
Dazu passen Apfelmus oder Kompott.

Toggenburger Apfelcreme

Zutaten für 4 Personen:

2 Tassen Wasser
1 EL Zucker
600 g Äpfel
3 EL Zucker
1 Zitrone
1 dl Rahm

Zubereitung:

Die gewaschenen Äpfel in Schnitze schneiden. Mit Wasser und 1 Löffel Zucker weich kochen, durch ein Sieb streichen und erkalten lassen. 3 Löffel Zucker, Zitronenrinde und Saft schaumig rühren und zu den Äpfeln geben. Rahm schlagen und unter die Apfelmasse ziehen.

Rezept: Ida Bühler, Wuppenau

Toggenburger Beerensorbet

Zutaten für 4 – 6 Personen:

1 dl Wasser
100 g Zucker
2 EL Zitronensaft und Schale gerieben
500 g Beeren (Erdbeeren, Himbeeren, Heidelbeeren, Johannisbeeren ...)

Zubereitung:

Wasser und Zucker in einer Pfanne unter Rühren aufkochen, 2 Minuten köcheln lassen und auskühlen. Zitrone (Saft/Schale) und Beeren beigeben. Pürieren und je nach Beerenart mit Puderzucker nachsüssen. In eine vorgekühlte Form giessen und gefrieren. Beim Anfrieren von Zeit zu Zeit umrühren.

Servieren:

Das Sorbet etwas antauen. Die Masse mit dem Mixer geschmeidig rühren. In Gläser füllen und sofort servieren oder Sorbetkugeln formen und für kurze Zeit in den Tiefkühler zurückstellen.

Apfelrösti

Zutaten für 4 Personen:
200 g altbackenes Brot
500 g Äpfel
Zucker
Zimt

Zubereitung:
Brot klein schneiden und in Butter auf kleinem Feuer anbraten. In der Zwischenzeit Äpfel in feine Schnitze schneiden und einige Minuten zusammen mit dem Brot weiter braten. Mit Zucker und Zimt bestreuen.

Bemerkungen/Tipps:
Die Apfelrösti kann mit Weinbeeren verfeinert werden, und sollte die Apfelrösti etwas trocken sein, mit 2–3 EL Milch verdünnen! Eine preiswerte, nahrhafte Mahlzeit.

Rezept: Karin Nievergelt, Lichtensteig

Toggenburger Holderzune

Zutaten für 4 – 6 Personen:
1 kg abgezupfte
Holunderbeeren
40 g Butter
1 dl Halbrahm
1 dl Milch
1 gestr. EL Maisstärke
50 g Zucker

Vorbereitung:
In einer Schüssel Butter, Halbrahm, Milch, Maisstärke und Zucker zu einem glatten Teig verrühren.
Die Holunderbeeren dazugeben und gut umrühren.

Zubereitung:
Alles in eine Pfanne geben, aufkochen und dann bei kleinem Feuer 10–15 Min. köcheln lassen. Der nahrhafte, dicke Beerenbrei kann warm oder kalt genossen werden. Kalt ist das Gericht sehr erfrischend.

Bemerkungen/Tipps:
Für dieses Gericht lassen sich sehr gut gefrorene Holunderbeeren verwenden!

Nidelzune

Zutaten für 4 – 6 Personen:

1 l Rahm
2 EL Mehl
1 Ei
Salz

Zubereitung:

Rahm in eine Pfanne geben. Mehl mit Schwingbesen kräftig dazurühren, damit es keine Knollen gibt. Langsam, unter ständigem Rühren, erhitzen.

Wenn die Zonne beginnt, dick zu werden, das Ei einrühren und weiterkochen, bis sie beginnt Butter aufzuziehen. Mit Salz abschmecken.

Bemerkungen/Tipps:

Auf der Alp in einer «Lochpfanne» wird die Nidelzune am besten! Mit kalter Milch und Brot servieren.

Rezept: Heidi Roth, Hemberg

Gefrorenes Jogurt mit Erdbeersauce

Zutaten für 6 Personen:

360 g Naturejogurt
150 g Sauerrahm
100 g Zucker
1 dl Rahm geschlagen
2 Eiweiss
1 Esslöffel Zucker
Sauce:
250 g Erdbeeren
2 Esslöffel Puderzucker
etwas Zitronensaft
Erdbeeren zum Garnieren
Pfefferminze oder
Zitronenmelisse
zum Garnieren

Zubereitung:

Jogurt und Sauerrahm mit dem Zucker verrühren. Eiweiss steif schlagen, Zucker dazustreuen und weiterschlagen, bis die Masse glänzt. Den geschlagenen Rahm, dann die Eiweissmasse unter die Jogurtmasse ziehen. Im Tiefkühler ca. 4 Stunden einfrieren lassen. Von Zeit zu Zeit durchrühren.

Sauce:
Die Erdbeeren mit Puderzucker und Zitronensaft pürieren.
Die Glace vor dem Servieren ca. 15 Minuten antauen lassen.

Servieren:
Teller mit Erdbeersauce ausgiessen, Glacekugeln darauf anrichten, Erdbeeren dazulegen und mit Minze oder Zitronenmelisse garnieren.

Bemerkungen/Tipps:
Dieses Dessert kann auch mit Himbeeren, Heidelbeeren, Brombeeren zubereitet werden.

Chriesiprägel

Zutaten für 6 Personen:

1 kg entsteinte Kirschen
2 dl Apfelsaft
3 EL Zucker
1 Zimtstängel
1 TL Maisstärke
1 EL Wasser
geröstete Brotwürfeli

Zubereitung:

Kirschen mit Apfelsaft, Zimtstängel und Zucker aufkochen und anschliessend auf kleinem Feuer 4–5 Minuten ziehen lassen.

Den Kompott abgiessen, den Saft mit Wasser und Maisstärke mischen und nochmals unter Rühren aufkochen.

Die Kirschen dazugeben und mischen.

Auf einer Platte anrichten und die gerösteten Brotwürfeli kurz vor dem Servieren darüberstreuen.

Rezepte: Rösli Bodenmann, Ebnat-Kappel

Gamplüt-Soufflé

Zutaten für 4 Personen:

3 Eiweiss
150 g Zucker
1,2 dl Apricot-Brandy
2,5 dl Rahm

Zubereitung:

Eiweiss und Zucker steif schlagen. Apricot-Brandy sorgfältig einrühren. Rahm schlagen und behutsam darunterziehen.
Die Masse in Souffléförmchen abfüllen, ca. 1 cm höher als der Rand und zugedeckt über Nacht einfrieren. Ca. 20 Minuten vor dem Servieren aus dem Tiefkühler nehmen und garnieren.

Bemerkungen/Tipps:

50 g dunkle Schokolade schmelzen und 10 g Butter darunterrühren. In eine Spritztüte füllen und Ringe auf Backpapier spritzen, trocknen lassen. Als Garnitur auf Soufflé stecken.

Eiskaffee

Zutaten für 4 – 6 Personen:

6 Eigelb
6 EL Puderzucker
1 Päckli Vanillezucker
2 EL Pulverkaffee
3 EL Kirsch
5 dl Vollrahm

Zubereitung:

Eigelb, Puder- und Vanillezucker schaumig schlagen. Kaffee mit Kirsch anrühren, Rahm steif schlagen. Zutaten vorsichtig mischen, in Gläser abfüllen, tiefkühlen.

Rezept: Churfirste-Chuchi, Wattwil

Ziegelstein

Zutaten für 4 Personen:

1 Paket Biskuit «Petit Beurre»
110 g Schokoladenpulver
200 g Zucker
1 Beutel Vanillezucker
2 Eier
1 EL Kirsch
$1/2$ Becher Kokosfett

Vorbereitung:

Eier, Zucker, Vanillezucker, Schokoladenpulver und Kirsch gut rühren, evtl. mit Mixer. Fett in eine Pfanne geben, flüssig machen und gut daruntermischen.

Zubereitung:

Cakeform mit Pergamentpapier auslegen. 1 Lage Biskuits, dann Schokoladenmasse und wieder Biskuits lagenweise einfüllen und glatt streichen. Cakeform ca. 3 Std. in den Kühlschrank stellen, Kuchen anschliessend aufschneiden.

Gebäcke süss

Rahmkuchen

Zutaten für 4 – 6 Personen:

Hefeteig:
250 g Mehl
2 EL Zucker
$^1/_2$ TL Salz
40 g Butter
1 dl Milch
15 g Hefe
1 Ei

Guss:
3 dl Rahm
2 EL Maisstärke
2 EL Zucker
1 Päckli Vanillezucker
1 Ei

Zubereitung:

Mehl, Zucker und Salz in eine Schüssel geben. Die Butter schmelzen, Milch dazugeben, Hefe darin auflösen und das aufgeschlagene Ei dazugeben.
Die Flüssigkeit zum Mehl geben und zu einem Teig kneten. Den Teig gehen lassen. Die Zutaten für den Guss verrühren. Den Hefeteig auswallen und ein Blech von 28 cm Durchmesser damit belegen, mit einer Gabel einstechen. Den Guss darübergiessen und im vorgeheizten Ofen bei 180 Grad 30–40 Minuten backen.

Rezept: Verena Bürge, Brunnadern

Omas Trübeli-Chueche

Zutaten für 4 – 6 Personen:

Teig:
200 g Mehl
100 g Butter
50 g Zucker
1 Ei
1 Prise Salz

Belag:
500 g Johannisbeeren
125 g Zucker
1/2 Päckli Vanillezucker
3 Eier getrennt
150 g Haselnüsse

Zubereitung:

Alle Zutaten für den Teig mischen und einen glatten Mürbeteig kneten, 30 Minuten in den Kühlschrank stellen.

Teig in gefetteter Springform auslegen und gut einstechen, Rand 3 cm, bei 200 Grad 10 Minuten blind backen.

Eigelb mit Zucker und Vanillezucker schaumig rühren. Haselnüsse, Beeren und das steif geschlagene Eiweiss locker darunterziehen. Auf dem Teig verteilen und bei 200 Grad ca. 30 Minuten fertig backen.

Heidelbeer-Nidelflade

Zutaten für 4 – 6 Personen:

300 g Kuchenteig
2-3 EL Paniermehl
250 g Heidelbeeren (selber gesammelt oder tiefgekühlt)
2,5 dl Rahm
2 TL Vanillezucker
0,5 dl Milch
3 kleinere Eier
2-3 EL Zucker

Zubereitung:

Den Teig dünn auswallen und aufs Blech legen. Den Rand andrücken und den Boden mit einer Gabel einstechen. Mit Paniermehl bestreuen und die Heidelbeeren darauf verteilen. Aus Zucker, Rahm, Milch, Eiern und dem Vanillezucker einen Guss anrühren und darübergiessen. Im Ofen bei 220 Grad, 25–30 Minuten backen. Lauwarm oder kalt servieren, evtl. mit Rahm garnieren.

Bemerkungen/Tipps:

Kann auch mit Johannisbeeren gebacken werden, dann aber etwas mehr Zucker verwenden.

Rezept: Vreni Hüberli, Ennetbühl

Toggenburger Berewegge

Zutaten für 3 Stück:

Teig:
600 g Mehl
60 g Zucker
60 g Butter
10 g Salz
1 Päckli Hefe
3 dl Milch
1 Ei
Zopfteig herstellen,
aufgehen lassen

Füllung:
100 g Dörräpfel
400 g Dörrbirnen,
über Nacht einweichen
100 g gehackte Nüsse
(Haselnüsse oder Baumnüsse)
100 g Sultaninen
2 EL Zucker
3 EL Trester
2 EL Birnbrotgewürz
1 Ei zum Bestreichen

Zubereitung:
Dörräpfel separat über Nacht einweichen. Dörrbirnen ca. 1 Stunde und Dörräpfel ca. 15 Minuten separat im Dampfkochtopf weich kochen. Noch warm alles gut zerdrücken und mit der Gabel gut mischen.
Alle Zutaten mit den Dörrbirnen und Dörräpfeln mischen, etwas Kochwasser dazugeben und zur Seite stellen. Dann den Zopfteig in 3 Teile teilen, rechteckig auswallen, je ⅓ der Füllung darauf verstreichen, Teigränder mit Eigelb bestreichen, aufrollen, an den Enden einschlagen, Birewegge mit Eigelb anstreichen und mit Gabel einstechen.
Auf Backblech legen und nochmals gehen lassen.
Im vorgeheizten Ofen ca. 40 Minuten bei 180–200 Grad backen.

Bemerkungen/Tipps:
Im Kühlschrank in Folien eingepackt sind die Birewegge 1–2 Wochen haltbar. Passt zum Zmorge, Znüni und Zvieri.

Obertoggenburger Blechkuchen

Zutaten:
Backpapier

Teig:
500 g Mehl
500 g Zucker
125 g Margarine
2 Eier
2 EL Kakaopulver
2,5 dl Milch
1 Päckli Backpulver
Rum

Füllung:
250 g Kochbutter weich
200 g Puderzucker
1 Päckli Vanillezucker
1 Ei

Vorbereitung:
Backofen auf 180 Grad vorheizen.

Zubereitung:
Alle Zutaten für den Teig in eine Schüssel geben und mit dem Mixer gut miteinander verrühren. Backblech mit Backpapier auslegen, die dickflüssige Masse hineingeben und gleichmässig verteilen. In den Backofen auf die unterste Rille schieben und ca. 20 Minuten backen. Den Kuchen auskühlen lassen! Für die Füllung Ei, Puderzucker und Vanillezucker rühren, bis die Masse hell ist. Die weiche Kochbutter dazugeben und alles zu einer Buttercreme vermischen. Den ausgekühlten Kuchen mit einem Silch oder einem starken Faden in einen Deckel und einen Boden teilen. Die Buttercreme mit einem Spachtel gleichmässig auf dem Boden verteilen, den Deckel darauflegen und das Ganze in Quadrate von etwa 5 auf 5 cm schneiden. (Kann mit Puderzucker bestreut werden.)

Rezept: Peter Künzli, Ulisbach

Toggenburger Mandelfisch

Zutaten:

Teig:
1 Msp. Treibsalz oder
Backpulver und 1 EL Milch
auflösen
240 g Mehl
100 g Zucker
80 g Butter
1 Ei

Füllung:
100 g Zucker
130 g gemahlene Mandeln
50 g gemahlene Baumnüsse
1 TL Zitronensaft
etwas geriebene
Zitronenschale
etwas Zimt
1 Ei
etwas Milch

Zubereitung:

Teig:
Mit allen Zutaten und aufgelöstem Treibsalz einen Teig kneten und einige Stunden ruhen lassen. ⅔ des Teiges auswallen und eine gefettete Fischform damit auslegen, ⅓ wird für den Deckel ausgewallt.

Füllung:
Alles mischen und auf den Teig in der Fischform geben. Den Deckel darüberlegen und am Rand gut zusammendrücken. Ca. 1 Stunde bei 180 Grad backen.
Den ausgekühlten Fisch mit Puderzucker bestreuen.

Rezept: Claudia Müller, Hemberg

Toggenburger Berebrot

Zutaten für 3 Stück von ca. 600 g:

Zopfteig:
750 g Mehl
30 g Hefe
1 TL Salz
1 TL Zucker
100 g Butter
4,5 dl Milch
1 Ei zum Bestreichen

Füllung:
400 g Dörrbirnen
2,5 dl Merlot
oder Veltliner
je 150 g Feigen,
Dörrpflaumen, Datteln
je 100 g Rosinen,
Sultaninen, Orangeat
gewürfelt
100 g Rohzucker
1 Zitronenschale gerieben
1 EL Birnbrotgewürz
1 TL Zimt
2 dl Kirsch
1 dl Rosenwasser
je 100 g ganze Haselnüsse,
Mandeln, Baumnusskerne

Vorbereitung:

Birnen über Nacht einweichen, ca. 20 Minuten mit dem Merlot-Wein weich dämpfen, auskühlen, Stiel und Fliege entfernen. Zopfteig herstellen (ergibt ca. 1,3 kg).

Zubereitung:

Birnen mit Feigen, Pflaumen und Datteln klein schneiden, restlichen Wein von Birnen, Rosinen, Sultaninen, Orangeat, Rohzucker, Zitronenschale, Birnbrotgewürz, Zimt, Kirsch und Rosenwasser zu den Dörrfrüchten mischen. 500 g Zopfteig unter die Fruchtmasse kneten. Haselnüsse, Mandeln und Baumnüsse ebenfalls darunterkneten. Je ⅓ der Füllung zu 20 cm langen Rollen formen, je ⅓ des Teiges rechteckig (30 x 25 cm) auswallen und die Füllung darin einwickeln. Ränder mit Wasser befeuchten, mit Eigelb bestreichen und mehrmals mit Gabel einstechen, auf Backpapier legen. Ca. 45 Minuten auf 2. Rille von unten bei 220 Grad backen.

Bemerkungen/Tipps:

Birnbrotgewürz: Gewürzmischung aus gemahlenen Nelken, Kardamom, Zimt, Ingwer und Koriander.
Rosenwasser: klare Flüssigkeit, in Drogerien und Apotheken erhältlich.

Rezept: Thomas Wolfram, Neu St. Johann

Zimtfladen

Zutaten für 4 Personen:
Teig:
250 g Mehl
125 g Zucker
25 g Butter
2 gestr. TL Backpulver
ca. 1 dl Milch

Guss:
125 g Mehl
125 g Zucker
2 gestr. TL Backpulver
10 g Zimt
2 dl Rahm,
kann auch sauer sein

Vorbereitung:
1 rundes Fladenblech von ca. 30 cm
Durchmesser mit Backpapier auslegen.

Zubereitung:
Teig:
Mehl, Zucker und Butter kalt in einer Schüssel
gut durch die Finger reiben, Backpulver und
Milch zufügen, leicht kneten, mind. 1 Stunde
kühl stellen. Teig auf Mehl auswallen und
Fladenblech damit auslegen.

Guss:
Mehl, Zucker, Backpulver, Zimt und Rahm gut
miteinander mischen. Darf nicht dünn sein, soll
aber schön von der Kelle gehen. Teig im Blech
gut mit einer Gabel einstechen. Backofen
vorheizen auf 180–200 Grad. Blech in die Mitte
des Ofens schieben. Ca. 30 Minuten backen, mit
einer Nadel Guss kontrollieren, ob er genug
gebacken ist.
Schmeckt sehr fein zum Zvieri oder zum
Znacht.

Toggenburger Zimtfladen

Zutaten für 4 Personen:
1 Kuchenteig
Aprikosenkonfitüre
200 g Zucker
200 g Schraps
(vom Beck oder gemahlene Resten-Guetzli)
10 g Zimt
20 g Backpulver
5 dl Milch
300 g Mehl
1 Prise Salz
100 g Butter

Vorbereitung:
Einen Kuchenteig zubereiten (siehe Seite 107) und das Fladenblech damit auslegen. Mit einer Gabel einstechen und leicht mit Aprikosenkonfitüre bestreichen. Den Ofen auf 200 Grad vorheizen.

Zubereitung:
Zucker, Schraps, Zimt, Backpulver, Mehl und Salz gut mischen. Milch und flüssige Butter dazugeben. Diese Füllung auf dem Teig gleichmässig verteilen und sofort in den Ofen geben. Ca. 25 Minuten bei 200 Grad backen.

Bemerkungen/Tipps:
Schmeckt leicht warm am besten.

Rezept: Markus Kappler, Ulisbach

Rosenküchlein (Modelküchlein)

Zutaten für ca. 20 Stück:
Rührteig:
250 g Mehl
50 g Zucker
1 Prise Salz
3 dl lauwarme Milch oder
Rahm
4 Eier
Backfett

Vorbereitung:
Aus allen Zutaten (ausser Backfett) einen Teig herstellen.

Zubereitung:
Gutes Backfett wird in einer tiefen Pfanne dämpfend heiss gemacht, die Form (Rose, Krone, Herz und dergleichen) in die Pfanne legen und wenn alles heiss ist, in den Teig tauchen, aber nur so, dass er nicht darüber zusammenläuft. Die Küchlein bäckt man über gutem Feuer hellgelb, schüttelt sie dann von der Form ab, indem man mit der einen Hand auf die andere Hand, die den Formstiel hält, mehrmals stark klopft. Die Küchlein noch heiss mit Zucker und Zimt bestreuen.

Bemerkungen/Tipps:
Modelküchleineisen oder -formen sind nur noch auf Floh- und Antiquitätenmärkten zu finden!

Fasnachts-Chösseli

Zutaten für 4 Personen:

3 Eier
2 dl Rahm
1 Prise Salz
1 EL Zucker
Mehl, bis der Teig
dick genug ist
150 g Butterflöckli
Zimt und Zucker

Zubereitung:

Aus Eiern, Rahm, Salz, Zucker und Mehl einen Teig zubereiten und zu einem Viereck ausbreiten.
Butter in Flöckli darauf verstreuen und wie folgt zusammenschlagen: von oben zur Mitte, von unten zur Mitte; auswallen. Von links zur Mitte, von rechts zur Mitte; auswallen: An der Kühle ruhen lassen. Dieses Vorgehen 2–3 Mal wiederholen, den Teig dazwischen immer wieder an der Kühle ruhen lassen. Zu Rhomben ausrädeln und frittieren.
In Zimt und Zucker wälzen.

Bemerkungen/Tipps:

Noch warm mit Vanillesauce oder mit Früchte-Kompott servieren.

Rezept: Luzia Tanner, Bächli

Geriebener Teig / Kuchenteig

Berechnet für ein Fladenblech
24–26 cm Durchmesser
150 g Mehl
3 g Salz
50 g Butter
3–4 EL Wasser

Zubereitung:
Butter in Würfel schneiden, mit dem Mehl verreiben, Salz und Flüssigkeit beigeben, zu einem Teig zusammenfügen, nicht kneten. 20 Minuten kühl stellen.

Mürbeteig

Berechnet für eine Springform
24–26 cm Durchmesser
200 g Mehl
100 g Butter
50 g Zucker
1 Ei
1 Pr. Salz
evtl. etwas abgeriebene
Zitronenschale oder
1 Pr. Vanillezucker

Zubereitung:
Butter, Zucker und Salz schaumig rühren,
Ei darunterrühren, Mehl und evtl. Zitronenschale oder Vanillezucker dazugeben und zu
einem Teig vermischen. Nicht kneten!
30 Minuten im Kühlschrank abstehen lassen.

Rezept: Lucia Sieber, Rheineck

Geriebener Hefeteig süss

**Berechnet für ein Fladenblech
28–30 cm Durchmesser**
180 g Ruch-, Halbweiss-
oder Weissmehl
1 TL Salz
50 g Butter kalt
10 g Hefe
1 dl Milch

Zubereitung:
Die Butter in Würfel schneiden und mit dem
Mehl verreiben. Hefe in der Milch auflösen,
Salz dazugeben. Zu einem Teig vermischen.
Nicht kneten! Dieser Teig kann sofort verwendet
werden.

Biberfladen/Leckerli

Zutaten

250 g Honig
85 g Zucker
1 EL Wasser
500 g Mehl (Korneinschlag
= Dinkelmehl weiss kann
auch verwendet werden.)
2 EL Lebkuchengewürz
1 EL Zimt
1 dl Milch
1 gestr. TL Triebsalz

Zubereitung:

Honig, Zucker und Wasser in eine Pfanne geben und langsam erwärmen, bis sich der Zucker aufgelöst hat. Von Zeit zu Zeit rühren. Erkalten lassen.

Die übrigen Zutaten hinzufügen, wobei das Triebsalz in der Milch aufgelöst wird. Alles zu einem Teig vermischen. Nicht kneten. 24 Stunden zugedeckt an einem kühlen Ort stehen lassen.

Den Teig 1 cm dick auswallen und runde Fladen ausstechen oder schneiden. Diese auf mit Blechreinpapier belegte Bleche absetzen und mit Milch bestreichen. Mit einer Gabel zeichnen. Backen bei 200–220 Grad ca. 15 Minuten. Nach dem Backen auf einem Gitter gestürzt auskühlen lassen.

Für Leckerli:
Teig rechteckig auswallen und kleine Rechtecke ausschneiden: 9 mal 5 Zentimeter. Mit etwas Abstand auf ein mit Blechpapier belegtes Blech absetzen und mit Milch betreichen. Backen bei 200 Grad ca. 10 Minuten.

Rezept: Lucia Sieber, Rheineck

Leckerli im Ausbackteig

Ausbackteig für 12 Leckerli
150 g Mehl
knapp 1 TL Salz
1 dl Wasser,
Most oder Bier
2–3 Eigelb
2–3 Eischnee
Backöl
Zimtzucker

Zubereitung:
Alle Zutaten (ausser dem Eischnee) zu einem glatten Teig verrühren und zugedeckt stehen lassen. Kurz vor dem Backen die Eiweisse zu steifem Schnee schlagen und sorgfältig darunterziehen.
Die Leckerli im Ausbackteig wenden und im heissen Backöl oder Backfett schwimmend ausbacken. Mit Zimtzucker bestreuen und lauwarm servieren.

Bemerkungen/Tipps:
Gute Kombination mit Apfelchüechli und Vanillesauce.

Toggenburger Dörrobstfladen (Doppelfladen)

Zutaten:

Boden (Hefeteig):
150 g Mehl sieben
$^1/_2$ TL Salz beigeben
30 g Butter schmelzen
1–1,5 dl Milch
5 g Hefe
$^1/_2$ TL Zucker

Zubereitung:
Mehl in Schüssel sieben, Salz beigeben, Butter schmelzen und beigeben, Milch, Hefe und Zucker anrühren und beigeben. Alle Zutaten zu einem schönen Teig kneten, aufgehen lassen, auf Blech von 28 cm Durchmesser geben und einstechen.

Füllung:
400 g Dörrbirnen
4 dl Wasser
1 EL Anis
$^1/_2$ TL Zimt
1 EL Birnbrotgewürz
4 EL Zucker
4 EL Obstbranntwein

Dörrbirnen über Nacht in Wasser, Süssmost oder Traubensaft einweichen (Früchte müssen mit Flüssigkeit bedeckt sein). Früchte anschliessend im Wasser weich kochen, passieren. Anis leicht rösten, Spitzchen entfernen, Zimt, Birnbrotgewürz, Zucker, Obstbranntwein zu den pürierten Früchten geben, gut vermischen, auf Teigboden geben.

Bei 200 Grad ca. 15 Minuten vorbacken.

Guss:
2 EL Mehl
1 Prise Salz
2 Eier
2 dl Rahm

Alles miteinander gut verrühren und auf vorgebackenen Fladen giessen. Bei 200 Grad ca. 15 Minuten in der Mitte des Ofens fertig backen.

Bemerkungen/Tipps:
Obertoggenburger Silvesterspezialität.
Der Doppelfladen wird am Silvesterabend («Hüslinacht») – mit der ganzen Familie traditionsgemäss zu Hause gefeiert – als Süssspeise serviert.

Rezept: Claudia Müller, Hemberg

Bere-Schlorziflade, auch Doppelfladen genannt

Zutaten für 4 – 6 Personen:

Weggliteig:
400 g Weissmehl
1 TL Salz
50 g Butter
1 Ei
2,5 dl Milch
20 g Hefe
1 Prise Zucker

Schlorzimasse:
500 g gedörrte Birnen
etwas Rohzucker
1 Msp. Nelken und
Zimtpulver
1–2 EL Zitronensaft
1 EL Kirsch

Rahmguss:
2 dl Rahm
2 dl Rahmquark
1 Ei verklopft
etwas Zimtpulver und Muskat
wenig Zucker,
evtl. Vanillezucker

Vorbereitung:

Schlorzimasse:
Gedörrte Birnen einige Stunden einweichen,
danach durch die Hackmaschine treiben.
Die Masse mit den Zutaten vermischen, sie muss
feucht sein.

Zubereitung:

Die Schlorzimasse wird auf dem ausgewallten
Weggliteig (mit Rand) gleichmässig verstrichen.
Den Rahmguss so darübergiessen, dass
die ganze Bere-Schlorzi bedeckt ist. Etwa
40 Minuten im Ofen auf der untersten Rille
backen, bis der Guss leicht angebräunt ist.

Bemerkungen/Tipps:
Die Schlorzimasse kann auch fertig in Büchsen
gekauft werden.

Gebäcke pikant

Apfel-Kartoffelfladen

Zutaten für 4 Personen:

Geriebener Teig:
150 g Mehl
1 TL Salz
50 g Butter
3–4 EL Wasser

Belag:
100 g Rohschinken
4 Kartoffeln, ca. 600 g
2 säuerliche Äpfel, Boskop
oder Elstar, ca. 300 g
150 g Bergkäse
100 g Jogurt nature
1 dl Halbrahm
2 dl Weisswein
1 TL gehackte Gartenkräuter
Salz
Pfeffer

Vorbereitung:

Butter in Würfel schneiden, mit dem Mehl verreiben, Salz und Flüssigkeit beigeben, zu einem Teig zusammenfügen, nicht kneten. 20 Minuten kühl stellen.

Zubereitung:

Teig auswallen und das Fladenblech belegen, mit Schinken auslegen. Jogurt, Weisswein, Rahm und die Gewürze vermischen. Die geschälten Kartoffeln, die gerüsteten Äpfel und den Käse mit der Röstiraffel reiben und mit dem Guss vermischen.

Die Masse gleichmässig auf dem Teig verteilen und im vorgeheizten Ofen (200 Grad) auf der zweituntersten Rille ca. 45 Minuten backen.

Bemerkungen/Tipps:

Dazu passt ein Blattsalat.

Rezept: Maggie Rutz-Colin, Wattwil

Neckertaler Lauchpastete

Zutaten für 4 Personen:

200 g Blätterteig
1 Eigelb
500 g Lauch

Weisse Sauce:
1 EL Fett
2 EL Mehl
3 dl Milch
$^1/_2$ Bouillonwürfel
Salz
Pfeffer
Muskat
250 g Ricotta
150 g grob geraffelter Käse
(Emmentaler oder
Appenzeller)

Vorbereitung:
Lauch in 1 cm grosse Stücke schneiden und im
Salzwasser knapp weich kochen. Dann
abschütten und auskühlen. Weisse Sauce mit den
angegebenen Zutaten kochen (sie muss sehr dick
sein). Dann den geraffelten Käse unter die noch
heisse Sauce heben, damit er schmilzt. Sauce
auch erkalten lassen.

Zubereitung:
Blätterteig auswallen (ca. 40 cm x 30 cm). Die
kalte Käsesauce mit dem Lauch und dem Ricotta
mischen und auf den Blätterteig geben, nicht
ausstreichen, sondern in der Mitte des Teiges
verteilen. Den Teig mit dem Eigelb ringsums
bestreichen und von beiden Seiten einschlagen.
Die Enden nach unten einschlagen. Die Pastete
mit Ei bestreichen und mehrmals einstechen.
Ca. 45 Minuten auf 200 Grad backen (unten in
den Backofen schieben).

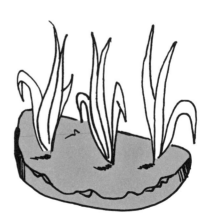

Toggenburger Käsekuchen

Zutaten für 4 Personen:

Teig:
150 g Mehl
in Schüssel geben
1 gestr. TL Salz beifügen
50 g kalte Butter
in Flocken beigeben
4–5 EL kaltes Wasser
zugeben

Füllung:
1 gestr. EL Mehl
2 dl Milch anrühren
125 g reifer
Toggenburgerkäse gerieben
125 g Halbgeisskäse
gerieben dazugeben
2 Eier verquirlen und
dazugeben
Salz, Muskat, Pfeffer und
evtl. Gartenkräuter beifügen

Zubereitung:

Zutaten für Teig so rasch als möglich
zusammenfügen und zu einem geschmeidigen
Teig kneten.
1 Stunde kühl stellen.
Danach den Teig auf Backpapier dem Blech
(24 cm Durchmesser) anpassen und mit einer
Gabel einstechen.
Zutaten für Füllung auf dem vorbereiteten
Teigboden verteilen.
Im vorgeheizten Ofen bei 200 Grad
ca. 35 Minuten in der unteren Ofenhälfte
backen.

Bemerkungen/Tipps:

Lauwarm servieren. Passt hervorragend zu
buntem Blattsalat!

Rezept: Judith Kaufmann, Mosnang

Geriebener Hefeteig pikant

**Berechnet für ein Fladenblech
eckig ca. 30 x 33 cm**
300 g Ruch-, Halbweiss-
oder Weissmehl
1^1/$_4$ TL Salz
100 g Butter kalt
^{1}/$_2$ Naturejogurt
oder 90 g
15 g Hefe
1 dl Wasser

Zubereitung:
Die Butter in kleine Stücke schneiden und
mit dem Mehl verreiben. Die übrigen Zutaten
(Hefe in der Flüssigkeit auflösen) zugeben und
zu einem Teig mischen. Nicht kneten! Dieser
Teig kann sofort verwendet werden.

Weggliteig

Berechnet für ein Fladenblech
eckig ca. 30 x 33 cm
400 g Weissmehl
1 TL Salz
50 g Butter
1 Ei
2,5 dl Milch
20 g Hefe
1 Pr. Zucker

Zubereitung:
Einen Hefeteig zubereiten und mindestens
10 Minuten kneten von Hand oder mit der
Maschine.
Den Teig gehen lassen, Stockgare ca. 1 Stunde.
Den Teig 1–2 Mal aufziehen.

Rezept: Lucia Sieber, Rheineck

Blitzblätterteig

Zutaten:
500 g Mehl
500 g Butter in Würfel geschnitten
1 Pr. Salz
1 EL Essig
250 g Wasser

Zubereitung:
Kalte Butter in Würfel schneiden und mit dem Mehl und Wasser vermischen. Nicht kneten (die Butterstücke sind zum Teil noch sichtbar). Sobald der Teig etwas zusammenhält, kann er hintereinander touriert werden. 5–6 Touren. Zeitabstände mindestens 20 Minuten. In der Zwischenzeit immer gut zugedeckt mit Plastikfolie kühl stellen.

Tourieren heisst: den Teig zu einem Rechteck 1 cm dick auswallen, überschüssiges Mehl abwischen und zusammenlegen (4fach). Bei der folgenden Tour von der Bruchseite her beginnen mit Auswallen. Der fertige Blitzblätterteig kann nach 1–1½ Stunden Abstehzeit weiterverarbeitet werden.

Käsekuchen

Zutaten für 4 Personen:

Geriebener Teig:
150 g Mehl
1 TL Salz
50 g Butter
3-4 EL Wasser

Belag:
500-600 g geriebener
Toggenburgerkäse
1-2 EL Mehl
2 mittlere Zwiebeln
wenig Butter

Guss:
3 Eier
3 dl Rahm
oder Kaffeerahm
evtl. gemischt
Muskat
Pfeffer
Streuwürze

Zubereitung:

Butter in Würfel schneiden, mit dem Mehl verreiben, Salz und Flüssigkeit beigeben, zu einem Teig zusammenfügen, nicht kneten. 20 Minuten kühl stellen.

Teig kalt auf Backfolie in Springform legen und Rand etwas hochziehen. Zwiebeln in Butter dämpfen und auf Teig verteilen. Käse und Mehl mischen, etwas Pfeffer beigeben. Auf Teig in Springform geben.

Die Zutaten für den Guss gut verrühren, würzen und über die Käsemasse giessen. Zuerst ca. 15 Minuten auf der untersten Rille des auf 220 Grad vorgeheizten Ofens backen, dann die Hitze auf 180 Grad reduzieren und weitere 25–30 Minuten backen.

Bemerkungen/Tipps:

Evtl. Schinkenstreifen oder glasig gedünstete Speckwürfeli unter die Käsemasse mischen. Kann mit Salat als Hauptgang serviert werden.

Rezept: Doris Schällibaum, Ebnat-Kappel

Biestflade

Zutaten für 6 Personen:

Teig:
150 g Mehl
1 Prise Salz
75 g Butter
10 g Hefe
3-4 EL Wasser

Füllung:
1,5 l Biestmilch
2 EL Mehl
2-3 Eier
1 TL Salz
Sultaninen oder Kümmel

Zubereitung:

Teig herstellen und auswallen, auf ein gefettetes Blech legen und einstechen.

Zutaten für Füllung zu einem Guss mischen und auf dem Teig verteilen. Ca. 40 Minuten bei 220 Grad backen.

Bemerkungen/Tipps:

Biestmilch (Kolostralmilch): Milch einer Kuh, die gerade gekalbt hat. Am besten ist die Milch vom zweiten Mal melken.

Eingemachtes

Alpkäse im Wildkrautöl

Zutaten für einen Liter:

150–200 g junger Alpkäse,
entrinden und
in Würfel schneiden
2–3 dl Rapsöl
4–6 Zweige Quendel
4–6 Blätter Wiesensalbei
2–3 Tannenschösslinge
1–2 Bärlauchknollen
(Wurzel)
1 TL Ackersenfsamen
im Herbst sammeln,
ansonsten handelsübliche
Senfkörner verwenden

Zubereitung:

Die Bärlauchknollen waschen und schälen
(evtl. halbieren), die Blattkräuter waschen,
trocknen und leicht quetschen. Die Käsewürfel
mit den Kräutern und den Bärlauchknollen
lagenweise in ein kleines Einmachglas schichten.
Die Senfsamen darüberstreuen und mit dem
Rapsöl auffüllen. Gläser verschliessen und
2–3 Wochen an einem kühlen, dunklen Ort
ziehen lassen.
Je nach Saison und Lust können dem Käse auch
Gänseblümchen-Blütenköpfchen (ergibt ein
leicht nussiges Aroma), Ackerminzen-Blätter
(Minzgeschmack) oder Pimpernellblätter
(würzig, zitronig) zugefügt werden. Im Frühling
ersetzen wir die Bärlauchknollen durch frische
Bärlauchblätter.

Herbst-Variante:

Rapsöl erwärmen (ca. 70 Grad), 1 Handvoll
Bio-Alpenheu in das Öl geben. Bei Zimmer-
temperatur das Heu eine Woche ziehen lassen,
absieben. Den Käse mit frischen Ringelblumen-
blättern in ein Glas schichten und mit dem
Heuöl aufgiessen, verschliessen. 2–3 Wochen an
einem kühlen, dunklen Ort ziehen lassen.

Rezept: Maggie Rutz-Colin, Wattwil

Rhabarber-Erdbeer-Konfitüre mit Holunderblüten

Zutaten:
500 g Erdbeeren
500 g Rhabarber
1 kg Gelierzucker
Saft einer Zitrone
6–7 Holunderblüten

Zubereitung:
Erdbeeren waschen und klein schneiden, Rhabarber ebenfalls waschen, Haut abziehen und in feine Scheiben schneiden. Rhabarberstücke, Erdbeeren, Gelierzucker und Zitronensaft in einen Topf füllen und kochen, bis die Masse geliert. Holunderblüten abzüpfeln und in die vorbereiteten Gläser füllen. Mit heisser Konfitüre auffüllen, sofort verschliessen.

Zwetschgen in Essig

Zutaten:
1 kg Zwetschgen
6 dl Essig
500 g Zucker
1 Zimtstängel
2 Nelken

Zubereitung:
Die Zwetschgen mit einem Tuch abreiben und mit einer Nadel einige Male einstechen.
Essig, Zucker und Gewürze zusammen aufkochen und erkalten lassen, über die Zwetschgen giessen und zugedeckt kalt stellen.
Am nächsten Tag giesst man den Saft ab, kocht ihn auf und lässt ihn wieder erkalten, wiederum über die Zwetschgen giessen, kalt stellen.
Am dritten Tag kocht man alles zusammen auf, bis die Haut der Zwetschgen zu reissen beginnt. Mit einer Drahtkelle werden dann die Zwetschgen herausgenommen und in ein Einmachglas eingefüllt. Der Saft wird weitergekocht, bis er dicklich ist, erkalten lassen und über die Zwetschgen giessen.
Gut verschliessen und an einem trockenen Ort aufbewahren.

Rezept: Ida Bühler, Wuppenau

Milde Essiggurken

Zutaten:

Gewürze:
Zwiebelringe
1 TL Koriandersamen
1 TL weisse Pfefferkörner
2 TL Senfkörner
Dill, Estragon, Rosmarin
1,25 kg grüne
Einmachgurken

Sud:
6 dl Kräuter- oder
Weissweinessig
4 dl Weisswein
2 dl Wasser
2 TL Salz
2 EL Zucker

Zubereitung:

Gewürze mischen und in Gläser verteilen.
Einmachgurken mit einer Bürste aufrauen,
in Gläser füllen.
Sud aufkochen, abkühlen und in die Gläser
füllen.
Während 20–25 Min. bei 90 Grad sterilisieren.

Eingemachtes Rind- und Kalbfleisch

Zutaten:

Sud:
500 g zerkleinerte Mark-
oder Fleischknochen
2 l kaltes Salzwasser
4 Lorbeerblätter
1 TL schwarze Pfefferkörner
1 kg Rindsschulter (Brust oder
Schulter ohne Knochen)
1 kg Kalbfleisch (Brust oder
Schulter ohne Knochen)
1 Petersilienwurzel
2 Kohlrabi
1 Sellerieknolle
2–3 Stangen Lauch
4 Zwiebeln
4 grosse Kartoffeln
2 TL fein gehackte Petersilie
Salz
Pfeffer
Streuwürze

Zubereitung:

Markknochen mit kaltem Wasser abspülen, ins kalte Wasser geben und zum Kochen bringen. Lorbeerblätter und Pfefferkörner beigeben und 1 bis 1½ Std. kochen lassen.
Fleisch abspülen, trocken tupfen und in Würfel schneiden. Gemüse und Kartoffeln waschen, evtl. schälen und in grobe Würfel resp. Scheiben schneiden. Fleisch mit dem Gemüse fest in die vorbereiteten Einmachgläser schichten. Petersilie darauf verteilen.
1,5 l Knochenbrühe (evtl. mit Wasser auffüllen) zum Kochen bringen, würzen und über das Fleisch giessen.
Während 2 Stunden bei 98 Grad sterilisieren.

Rezept: Esther Stauffacher, Nesslau

Eierkirsch nach Hausfrauenart

Zutaten für einen Liter:
5 dl Milch
2 TL Maisstärke
8 Eigelb
200 g Puderzucker
2 Päckli Vanillezucker
2 dl Kirsch

Zubereitung:
Milch und Maisstärke ca. 3 Minuten aufkochen, dann abkühlen lassen.
Eigelb, Puderzucker und Vanillezucker mit dem Handrührgerät schaumig schlagen, bis eine helle Creme entsteht.
Alle Zutaten gut miteinander mischen, in saubere Flaschen abfüllen und im Kühlschrank lagern.
Innert 3 Monaten verbrauchen.

Bemerkungen/Tipps:
Es kann auch Cognac oder Whisky verwendet werden.

Getränke

Die fruchtige Waldfee

Zutaten:
4 cl Cassis-Likör
15 cl Frucht-Molke
zerstossenes Eis
gefrorene Waldbeeren

Zubereitung:
Cassis-Likör, Frucht-Molke mit Eis im Shaker
schütteln, bis sich dieser kühl anfühlt.
Über gefrorene Waldbeeren in ein Glas
abgiessen und nach Belieben garnieren.

Bemerkungen/Tipps:
Anstelle von Cassis-Likör können Sie auch mit
Erdbeer-Likör verfeinern.

Rezept: Toggi-Milchprodukte, Wattwil

Untertoggenburger Bowle

Zutaten für 6 – 8 Personen:

1 Handvoll frische
Pfefferminze
4 dl Wasser
1 Zitrone (Saft)
2 dl Apfelsaft
2 dl Mineralwasser
2 fein geschnittene Äpfel

Zubereitung:

Pfefferminze mit Wasser aufkochen und langsam abkühlen lassen, absieben.
Zitronensaft, Apfelsaft, Mineralwasser und die Äpfel beigeben, kühl servieren.

Gewürztee mit Apfelsaft nach Toggenburgerart

Zutaten für ca. 12 Personen:

1 Liter Wasser
1 Handvoll Lindenblüten
4 Gewürznelken
1 Lorbeerblatt
2 Zimtstängel
1 Beutel Schwarztee
1 Liter Süssmost
evtl. Zucker

Zubereitung:

Wasser, Lindenblüten und Gewürze langsam zum Kochen bringen, etwa 10 Minuten ziehen lassen. Schwarztee beigeben und weitere 5 Minuten ziehen lassen, absieben und auskühlen lassen. Süssmost beigeben.

Bemerkungen/Tipps:

Dieser Tee kann auch heiss getrunken werden.

Rezept: Christine Egli, Kirchberg

Goldmelissendrink

Zutaten für 4 – 6 Personen:
5 dl Ostschweizer
Weisswein
2 dl Goldmelissensirup
4 dl Mineralwasser

Zubereitung:
Alle Zutaten gut gekühlt mischen, sofort servieren.

Holunderpunsch

Zutaten:

2 l Wasser
1 Handvoll Lindenblüten
1 Zimtstängel
1 Gewürznelke
1 Lorbeerblatt
evtl. wenig Zitronenverbene
1 l Süssmost
3-5 dl Holundersirup

Zubereitung:

Wasser, Lindenblüten und Gewürze zu Tee aufkochen.
1 l Süssmost und 3–5 dl Holundersirup beigeben und nochmals vors Kochen bringen, heiss servieren.

Rezept: Anni Abderhalden, Alt St. Johann

Der charmante Traumtänzer

Zutaten:
1 Kugel Erdbeereis
2 cl Zitronensaft
2 cl Erdbeersirup
Frucht-Molke
Eiswürfel

Zubereitung:
Erdbeereis, Zitronensaft und Erdbeersirup mit Eiswürfeln im Shaker kräftig schütteln. In ein Glas abgiessen und mit Frucht-Molke auffüllen. Kurz umrühren und mit Charme Ihren Gästen servieren.

Toggenburger
Culinarium

Direkt aus der Bauernküche – «En Guete»

Gemessen am Schweizer Durchschnitt finden
wir im Toggenburg überaus viele Bauernbetriebe.
Wohl alle Bäuerinnen haben ihre Hausrezepte.
Ob das nun der «Schlorziflade» ist, den man in
der Hüslinacht (Silvesternacht) geniesst, oder ob
das andere Spezialitäten sind, die Bäuerin
verwöhnt ihre Familie und ihre Gäste gern mit
typischen Toggenburger Produkten.

Wenn die Bauernfamilie «z Alp fährt» und die
Bäuerin auf der Alp Besuch hat, serviert sie
vielleicht eine traditionelle Älplermahlzeit.
Ein fürs Toggenburg typisches Gericht ist die
«Nidelzonne», eine Spezialität aus Rahm (Nidel),
Ei, Mehl und Salz. Die «Nidelzonne» wird mit
der Pfanne auf den Tisch gestellt, jedermann isst
mit dem Löffel direkt aus der Pfanne.

Auch die Schätze, welche die Bäuerin im Keller
oder in der Vorratskammer hegt, sorgen immer
wieder für Staunen. «Schmalzbluemelatwäri»
(Löwenzahnkonfitüre), Birnweggen oder
«Bergchrütlitee» gelten als Geheimtipps unter
den von Bäuerinnen produzierten Spezialitäten.
Wer glaubt, dass Teigwaren oder «Nidelzeltli»
in Grossbetrieben produziert werden müssen,
sieht sich getäuscht. Teigwaren, die unter Pasta-
liebhabern sehr begehrt sind, werden auch in
Toggenburger Bauernhäusern hergestellt.
Beerenkonfitüren oder von der Bäuerin
gebackene «Chrömli» (Biskuits) sind ebenfalls
sehr beliebt.

Ob dies oder jenes – sicher ist, dass es die
Toggenburger Bäuerin versteht, die Gaben der
Natur zur Herstellung feinster Spezialitäten zu
nützen.

Texte: Agnes Schneider, Weisstannen

Der Mandelfisch – eine süsse Versuchung

Im Toggenburg sind noch heute viele Bäckereien/
Konditoreien zu finden, die hausgemachte
regionale Spezialitäten anbieten. Eine dieser
überlieferten Spezialitäten ist der Toggenburger
Mandelfisch, den man wahrscheinlich in allen
Dörfern des Toggenburgs findet.

Wie es genau zu diesem Mandelfisch kam, ist
nicht klar. Sicher ist, dass er schon sehr lange
Zeit angeboten wird. Noch heute verfügen einige
Toggenburger Konditoren über besonders schöne
Kupferformen, die auf dem Markt längst nicht
mehr erhältlich sind.

Mandelfische werden mit einem hausgemachten,
speziellen «Fischteig» hergestellt. Verständlich,
dass kein Konditor sein oft schon über Gene-
rationen weitergegebenes Rezept verrät. Die
Hauptkomponente der Füllung sind in der
Regel rohe, ungeschälte Mandeln, so entsteht
eine eher dunkle Füllung. Beim einen oder
anderen Konditor ist die Füllung hell, dann weiss
man, dass geschälte Mandeln im Fisch sind.
Toggenburger Mandelfische sind zwischenzeitlich
in «aller Welt» bekannt; einerseits werden sie
von Touristen gekauft, anderseits werden sie von
den Konditoren gern verschickt. Im Toggenburg
gelten sie als typisches «Älplerbringis», denn sie
halten sich einige Zeit frisch.

Die eine oder andere Toggenburger Bäuerin
zählt Mandel- oder Nussfische zu ihren
Hausspezialitäten. Steht ein Nussbaum auf
dem Hof, besteht oft ein Anteil der Füllung aus
gemahlenen Baumnüssen, was auch sehr gut
schmeckt.

Bloderchäs – Delikatesse ursprünglicher Art

Die Sauerkäseherstellung ist die ursprünglichste Käsefabrikation. Früher wurde die Magermilch stehen gelassen, bis sie dick war, also Bloder, wie man im Toggenburg sagt.

Bloderchäs wird im oberen Toggenburg schon sehr lange hergestellt. Es ist erwiesen, dass die Mönche des Klosters St.Gallen dank der Abgaben der Obertoggenburger Alpen schon vor Jahrhunderten Bloderchäs geniessen konnten.

Heute geschieht die Bloderchäs-Herstellung noch beinahe auf dieselbe Art. Nur die Gerinnung der Milch wird jetzt mittels Milchsäurebakterienkultur gesteuert. Nach dem Impfen der Milch dauert es etwa 12 Stunden, bis sie dick ist. Unter ständigem Rühren wird die geronnene Magermilch anschliessend ungefähr eine Viertelstunde erwärmt und dann Vollmilch zugegeben. So scheidet die Bruchmasse besser aus. Mit der Kelle oder dem Schummer, wie man im Toggenburg sagt, werden die Körner nun langsam zusammengenommen und in die hölzerne, viereckige Bloderkiste abgeschöpft. Nach etwa 24 Stunden wird der Bloderchäs aus der Kiste genommen und leicht gesalzen. Schon nach einer Woche kann er genossen werden. Man kann ihn aber auch lagern, dann wird er rezenter und bekommt anstelle einer Rinde «Speck».

Bloderchäs ist sehr fettarm, er wird auf Toggenburger Alpen und in Käsereien hergestellt. Er passt ausgezeichnet zu Brot oder «Gschwellti». Vorzüglich schmeckt er auch als Apéro-Häppchen, beispielsweise mit Trockenfleisch und Fruchtstücklein am selben Spiessli. In Rapsöl eingelegt und mit feinen Kräutern gewürzt, ist er eine moderne Delikatesse, die von Feinschmeckern schon längst entdeckt wurde.

Alpschweine – sie gehören zum Toggenburg

Schon von Weitem sieht man, dass sie sich «sauwohl» fühlen – die Toggenburger Alpschweine. Auf vielen Alpen gehören sie dazu, denn sie sind es, die wertvolle Alpnebenprodukte wie Magermilch oder Schotte verwerten.

Ebenso lange, wie auf Toggenburger Alpen Bloderchäs oder anderer Käse hergestellt wird, kennt man die Alpschweine. Während bei der Käseherstellung Schotte anfällt, entstehen beim Zentrifugieren der Milch Rahm und Magermilch. Die Magermilch, welche nicht zu Bloderchäs verarbeitet wird, ergibt zusammen mit Getreide ein schmackhaftes, ausgeglichenes Schweinefutter.

Wer auf Toggenburger Alpen wandert, sieht deshalb sehr oft Schweine, welche in aller Ruhe an der Sonne liegen oder sich auch einmal suhlen. Nachdem die Schweine auf die Alp gekommen sind und hier mindestens sechs Wochen verbracht haben, bilden sich die Schinken immer deutlicher aus. Ein Zeichen, dass das optimale Schlachtgewicht bald erreicht ist.

Nach einem kurzen Transport kommen die Schweine in eine Toggenburger Metzgerei. Hier werden sie geschlachtet und zu Spezialitäten verarbeitet. Schon der Gedanke an ein saftiges Schnitzel oder Schinkli eines Toggenburger Alpschweins lässt das Wasser im Mund zusammenlaufen.

Logisch, dass das Fleisch der Toggenburger Alpschweine nur in der Saison, also ab ungefähr Ende August bis etwa Anfang Oktober, erhältlich ist. Fragen Sie danach!

Toggenburger Molke – bekömmlich und gut

Beim Käsen fallen Nebenprodukte an, so beispielsweise Molke oder Schotte, wie sie im Toggenburg genannt wird. Vor rund hundert Jahren war überall bekannt, dass Schotte der Gesundheit sehr zuträglich ist, so genannte Molkenkurorte waren die Folge davon. Man reise an einen idyllisch gelegenen Ort und kurierte sich mit Molke. Vielen Leuten soll die Molke tatsächlich geholfen haben.

Warum das oder dieses Leiden sich gebessert hat, kann heute nicht mehr untersucht werden. Das ist auch nicht nötig, denn was damals bekannt war, ist heute erhärtet: Molke ist ein sehr gesundes Produkt mit Inhaltsstoffen, die eine wohltuende Wirkung haben.

Ein Produkt soll aber nicht nur gesund sein, es soll auch gut schmecken. Und das ist bei Toggenburger Molkegetränken wirklich der Fall. Sie sind frei von Farbstoffen und künstlichen Zusatzstoffen. Zudem sind die Molkegetränke mit verschiedenen Früchten aromatisiert. So wurde ein traditionelles Produkt modern umgesetzt. Toggenburger Molkegetränke gehören auf ein echtes Toggenburger «Zmorgebuffet». Molkegetränke sind auch eine gesunde Komponente für Drinks – für alkoholfreie ebenso wie für alkoholhaltige.

Toggenburger Molkegetränke können in einer modernen Verpackung gekauft werden. Damit kommt einmal mehr zum Ausdruck, dass es möglich ist, Tradition und Moderne optimal zu verbinden.

Toggenburger Mutschli – ein junger kommt

Wer durchs Toggenburg fährt, sieht überall saftige, grüne Wiesen. Die Kuh gehört ebenso zur Gegend wie Churfirsten, Säntis oder Speer. Die Kuh ist es, die Gras zu Milch und Fleisch veredelt und so kreativen Unternehmern und anspruchsvollen Geniessern im Toggenburg zu vielen delikaten Produkten verhilft.

Schon sehr lange verstehen es Toggenburger Sennen und Käser, die Milch in Form von Käse für längere Zeit haltbar zu machen. Im Toggenburg finden sich Tilsiter-, Appenzeller- und auch Emmentalerkäsereien. Einige innovative Käser bieten seit einiger Zeit auch regionale Käsespezialitäten an. Eine dieser Toggenburger Regionalsorten ist der Mutschli. Dieser Halbhartkäse aus Rohmilch besitzt einen sehr weichen Teig und ein ausgezeichnetes Aroma.

Der kleine Toggenburger eignet sich zum Apéro ebenso wie zu einem Stück Brot und zu einem Glas Most. Da er sehr weich ist, schmilzt er auf der Zunge. Er gehört nicht nur auf ein Käsebuffet, er bereichert auch jede Dessertplatte. Prima schmeckt auch eine Mousse aus Mutschli, und in der warmen Küche schätzen ihn Koch und Köchin. Eine Mutschli-Käseschnitte beispielsweise begeistert jeden Käseliebhaber.

In der Regel werden Mutschli nach zwei bis drei Monaten verkauft. Es ist aber durchaus möglich, einen Mutschli länger zu halten, der Geschmack wird dann zunehmend intensiver. Käseliebhaber werden rasch herausfinden, in welchem Reifestadium sie Mutschli am liebsten mögen – ob jung und mild oder eben länger gelagert und dadurch kräftig.

Toggenburger Biber – traditionelle Süssigkeit

Wer kennt ihn nicht, den feinen, mit einem Bild der Churfirsten oder sonst einem Toggenburger Sujet verzierten Biber?

Der Biber ist ein Honiggebäck mit Mandelfüllung. Er hat im Toggenburg eine lange Tradition. Früher war es in vielen Häusern üblich, dem Göttikind auf Weihnachten einen gefälligen Biber mit einem Fünfliber zu schenken. Der Biber galt als Weihnachtsgeschenk, der Fünfliber war für Neujahr gedacht. – Die Zeiten haben sich geändert, kaum ein Göttikind wird vom Götti an Weihnachten lediglich einen Biber mit Fünfliber unter dem Christbaum finden …

Nicht geändert hat sich das feine, ausgewogene Aroma der Toggenburger Biber. Nach wie vor finden sie im Winterhalbjahr reissenden Absatz. Einerseits sind Biber zu finden, die in einen Holzmodel mit einer bestimmten Verzierung gepresst wurden, oft sind beispielsweise Toggenburger Sennen oder eine Alphütte zu sehen. Anderseits sind es aber bemalte Biber. Biber, die Brauchtumsszenen oder andere typische Bilder der Region zeigen. Die Churfirsten, der Säntis oder auch der Alpaufzug sind Motive, die immer wieder in sorgfältiger Handarbeit auf den Marzipan gemalt werden.

Die farbigen Biber mit den verschiedenen Sujets des Toggenburgs sind längst zu Botschaftern der Region geworden. Zu Botschaftern, die Gross und Klein gleichermassen schmecken.

Toggeburger Senneworscht

Ein kreativer, innovativer Metzger aus dem oberen Toggenburg hat sie aus der Taufe gehoben: die Toggenburger Sennenwurst. Die Wurst hält, was ihr Name verspricht – sie schmeckt ausgezeichnet. Aber warum heisst sie gerade Sennenwurst? Diese Frage ist ganz einfach zu beantworten. Weil sie neben Toggenburger Rind- und Schweinefleisch auch Käse aus dem Toggenburg enthält. Käse, der heute noch aus der Milch von Kühen produziert wird, die im Sommer entweder auf der Alp oder sonst auf saftigen Blumenwiesen weiden.

Eine Wurst mit Käse? Tönt das ungewohnt für Sie? Da hilft nur etwas: probieren. Diese rustikale Brühwurst, die sich durchaus auch für Linienbewusste eignet, hat einen ganz besonderen, einen einmaligen Geschmack. Ob sie gekocht oder grilliert wird, sie lässt schon bei der Zubereitung einen feinen Geruch in die Nase steigen. Wer sie einmal auf dem Teller hatte, wird sie immer wieder kaufen. Auch die Feriengäste haben diese Wurst entdeckt. Es ist darum kein Zufall, dass die Toggenburger Sennenwurst als echtes, schmackhaftes Souvenir den Weg in alle Himmelsrichtungen findet.

P.S. Wussten Sie, dass auch eine Wurst ein Medaillenträger sein kann? Die Toggenburger Sennenwurst hat es bewiesen – sie wurde mit einer Goldmedaille gekrönt. Auch damit hat sie an Toggenburger Traditionen angeknüpft, denn Goldmedaille und Toggenburg – das wissen wir alle, sind zwei Begriffe, die passen.

Säntisbröckli – hauchdünn schmeckt's am besten

Was für den Bündner das Bündnerfleisch, für den Appenzeller die Siedwurst ist für den Toggenburger das Säntisbröckli. Woher der Name kommt, muss nicht lange gerätselt werden, denn einige Toggenburger haben den Säntis ja schliesslich im Blickfeld. Dass dieser Berg für Toggenburger schon früher eine zentrale Rolle gespielt hat, beweist das «Säntisbröckli», denn es ist seit rund 100 Jahren unter diesem Namen auf dem Markt.

Ausgangsprodukt für das Säntisbröckli ist Schweinefleisch. Wie aus dem Fleischstück ein Säntisbröckli wird, ist, fein säuberlich von Hand geschrieben, in einem alten Metzger-Verbandsbüchlein zu lesen. Es steht, dass die Trockensalzung etwa vier bis fünf Wochen dauern soll und dass mit Wacholder kalt geräuchert werden muss. Noch heute wird das Säntisbröckli nach alter Väter Sitte – oder eben nach Grossvaters Verbandsbüchlein – hergestellt. Längst ist es weit übers Toggenburg hinaus bekannt und wirbt mit seinem Namen für die Landschaft zwischen Säntis, Churfirsten und Speer.

Wer ein Säntisbröckli kauft, darf sicher sein, dass es nicht nur im Toggenburg hergestellt worden ist, sondern, dass das Schwein, das den Rohstoff lieferte, Toggenburger Luft geniessen durfte.

Hauchdünne Scheibchen Säntisbröckli lassen jedes Gourmetherz höher schlagen – deshalb hat das Säntisbröckli seinen Siegeszug schon vor bald hundert Jahren angetreten.

Was würde wohl der Ahne des heutigen Metzgermeisters zur Erfolgsgeschichte seines Säntisbröcklis sagen?

Rote Felder – Goldmelissen im Toggenburg

«Sie hat grosse Ansprüche an den Boden. Sie liebt die Sonne, will keine nassen Füsse und sie sucht sich ihr Plätzchen jedes Jahr selbst. Wenn es ihr nicht passt, kommt sie einfach nicht mehr.»

Von wem ist hier wohl die Rede?

Von der anspruchsvollen Goldmelisse, deren Tee oder Sirup jedem Nervenkostüm wohl bekommen. Schon sehr lang ist die Goldmelisse in Toggenburger Bauerngärten heimisch. Nachdem erkannt worden ist, dass ihre Produkte nicht nur vorzüglich schmecken, sondern auch der Gesundheit sehr zuträglich sind, suchte ein innovativer Toggenburger Unternehmer Landwirte, die bereit waren, Goldmelissen anzubauen. Rasch entwickelte sich eine gute Partnerschaft zwischen Unternehmer und Bauernfamilien. Verschiedene kreative Goldmelissenprodukte, welche von Kennern sehr geschätzt werden, sind das Resultat der Zusammenarbeit.

Vier Jahre werden dieselben Goldmelissenstöcke genutzt. Im ersten Jahr brauchen sie wohl sorgfältige Pflege, der Ertrag deckt aber den Aufwand noch nicht. Im zweiten und dritten Jahr danken sie die gute Pflege mit erfreulichen Erträgen. Im vierten Jahr ist der Ertrag stark rückläufig, so dass nun Jungpflanzen gewonnen werden und damit die nächste Generation eingeläutet wird.

Wer am richtigen Ort schaut und hinhört, kann neben Tee und Sirup auch ein Melissen-«Gsundheitswässerli» finden.

Wussten Sie, dass mit Weisswein «gespritzter» Melissensirup unter Kennern als Geheimtipp gilt?